콘텐츠 크리에이터를 위한

SNS 유튜브 포토샵

| 이영아·신미현 저 |

DIGITAL BOOKS
디지털북스

| 만든 사람들 |
기획 IT·CG기획부 **| 진행** 양종엽·박소정 **| 집필** 이영아·신미현 **|**
편집·표지디자인 D.J.I books design studio 김진

| 책 내용 문의 |
도서 내용에 대해 궁금한 사항이 있으시면
저자의 홈페이지나 디지털북스 홈페이지의 게시판을 통해서 해결하실 수 있습니다.
디지털북스 홈페이지 www.digitalbooks.co.kr
디지털북스 페이스북 www.facebook.com/ithinkbook
디지털북스 카페 cafe.naver.com/digitalbooks1999
디지털북스 이메일 digital@digitalbooks.co.kr
저자 이메일 이영아 tingk76@gmail.com / 신미현 valamignon77@gmail.com

| 각종 문의 |
영업관련 hi@digitalbooks.co.kr
기획관련 digital@digitalbooks.co.kr
전화번호 (02) 447-3157~8

머리말

현재 유튜브(YouTube)와 사회관계망 서비스(SNS)는 가장 많이 이용하는 플랫폼 중에 하나입니다. 그리고 이제 우리는 시청을 넘어서 각자가 생산자이고 창작자가 되고 있습니다. 그렇게 오래전으로 거슬러 올라가지 않아도 영상이나 이미지는 전문가가 만든 것을 우리가 소비하는 것이었습니다. 하지만 이제는 개인의 일상을 영화나 광고와 같이 표현하는 것이나 유튜브로 마케팅을 시작해 보는 것도 그리 어려운 일이 아닙니다.

하지만 막상 '나도 해볼까?'라고 생각했을 때 무엇부터 시작해야 하는지 막막한 생각이 드는 것은 여러분뿐만이 아닙니다. 아무리 간단하게 시작할 수 있다고 하더라도 기본 개념과 방법을 익히는 시간은 분명히 필요합니다. 그렇다고 크게 각오하고 덤벼들기 보다는 하나씩 이미지를 만드는 데에 성취감과 재미를 느끼시기를 바랍니다.

이 책은 이러한 시작을 위해 구성하였습니다. 소프트웨어는 사용 방법을 외우고 기초부터 완성까지 공부하는 방법보다는 아주 기본적인 툴 정도만 익힌 후 반복적인 실습으로 익숙해지는 방법이 가장 좋다고 생각합니다. 왜냐하면 우리는 특정 실습을 따라 하는 것이 목적이 아니라 그것을 응용하여 나에게 맞는 콘텐츠를 만드는 것이 목적이기 때문입니다. 책에 있는 실습은 쉽게 사용할 수 있는 기능으로 완성할 수 있는 것들 위주로 구성하였습니다. 하나씩 따라 하고 익히다 보면 그것들을 조금씩 섞어서 응용할 수 있게 될 것이라고 생각합니다.

각 챕터의 앞부분은 실습에 필요한 기본적인 툴에 대한 설명입니다. 먼저 한 번 가볍게 훑어보면서 큰 흐름을 파악하고 바로 실습을 따라 해보는 것을 추천합니다. 실습을 따라 하면서 막히는 부분이나 이해하고 싶은 개념이 있다면 그때 앞쪽으로 돌아가 한 번 더 살펴 보세요. 그 기능을 기억하고 응용하는 데 도움이 될 것입니다.

좋은 정보와 이미지의 홍수 속에서 때로는 나만 뒤떨어지고 있다거나 다른 사람들은 모두 감각과 스킬이 뛰어나 보일 수 있습니다. 하지만 그들도 그러한 결과를 위해 실패하고 고민하며 연습했던 과정이 있을 것입니다. 완벽하지 않은 한 권의 책이지만 여러분들의 이러한 여정에 도움이 되기를 바랍니다.

그리고 이 책을 만들기 위해 고민하고 함께 애써주신 신미현 님과 처음부터 마지막까지 편하게 집필할 수 있도록 도와주신 디지털북스 양종엽 부장님, 저자보다 더 꼼꼼하게 원고를 봐주시고 챙겨주신 디지털북스 박소정 님에게 진심을 담아 감사의 말씀을 드립니다.

저자 이영아

이 책의 구성

대상 독자

이 책은 SNS 사진 보정이나 유튜브의 채널 아트 등을 위한 포토샵 활용법을 담았으며 포토샵 입문자를 대상으로 합니다.

내용 구성

책의 내용은 크게 두 가지로 나뉩니다. 포토샵의 툴이나 기능 등을 설명하는 이론 부문, 이론으로 배운 내용을 토대로 직접 따라 하는 실습 부문이 있습니다.

이론

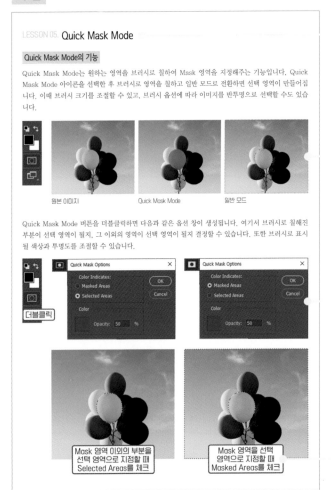

포토샵의 툴이나 기능 등을 주제로 하나씩 배웁니다.

각 도구나 기능에 대해 상세한 설정, 모드 등을 하나씩 알아봅니다.

가능한 포토샵 화면과 같이 배치하여 직관적으로 보고 이해할 수 있습니다.

설명이나 박스, 팁 등을 통해 이해를 돕습니다.

실습

Lesson 01. 타이틀 중심의 채널 아트 만들기

채널 아트의 스타일은 그 채널의 성격과 운영자의 성향에 따라 매우 다양합니다. 그중에서도 이번 예제에서 만들 채널 아트의 스타일은 이미지 보다는 채널의 제목의 폰트를 중심으로 합니다. 요즘 다양한 연령과 많은 수의 구독자를 가지고 있는 Beauty 관련 채널을 주제로 제작하겠습니다.

*주 사용 기능: Special Effects Brushes, Gradient Overlay
*예제 파일: part5_ch1_lesson01.PSD
*완성 파일: part5_ch1_lesson01_완성.PSD
*활용도: ★★★★★
*난이도: ★★★

해당 파트의 이론에서 배운 기능을 복습할 수 있습니다.

각 실습마다 예제 파일 또는 완성 파일을 제공합니다.

각 실습마다 활용도와 난이도를 표시합니다.

★★★: 보통 쓰임 / 보통
★★★★: 자주 쓰임 / 약간 어려움
★★★★★: 정말 잘 쓰임 / 어려움

완성된 이미지를 미리 보여줍니다.

예제 파일 및 완성 파일

이 책의 실습은 예제 파일을 통해 진행하며, 각 실습에 해당하는 예제 파일 및 완성 파일이 있습니다. 디지털북스 홈페이지(http://www.digitalbooks.co.kr/)의 '자유게시판'에서 'SNS 유튜브 포토샵'을 검색해주세요. 해당 게시글을 통해 다운로드 링크로 들어갈 수 있습니다.

실행 환경

이 책은 저자가 실행한 포토샵 버전인 Photoshop CC 2019(영문판)을 기준으로 합니다. 혹 이와 다른 버전이더라도 'Photoshop CC' 버전이기만하면 자유롭게 실행할 수 있습니다(CS 버전은 포토샵의 인터페이스가 달라 책의 이미지와 차이가 많을 수 있습니다).

미리 살펴보는 디자인

SNS 사진 보정

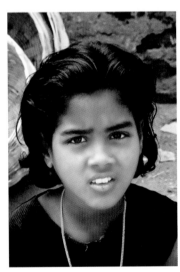

유튜브 채널 아트 및 섬네일 활용

Contents

SNS

×

YOUTUBE

×

PHOTOSHOP

PART 01

포토샵
기본편

- 이것만은 알고 시작하자

CHAPTER 01

포토샵 기본 기능 살펴보기

LESSON 01. 포토샵 시작 화면

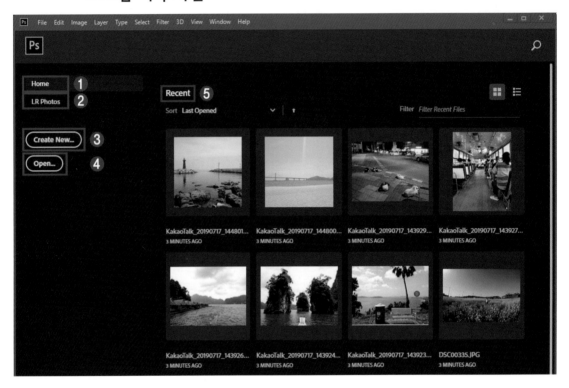

포토샵 CC 2019를 시작하면 가장 먼저 보이는 화면입니다. [Create New…] 버튼이나 [Open] 버튼을 누르면, 새 작업 창을 열거나 이미지를 불러올 수 있습니다.

❶ Home: 포토샵의 홈화면으로 전환됩니다.

❷ LR Photos: 라이트룸과 연동되는 기능으로, 라이트룸에서 사용한 이미지를 포토샵으로 불러옵니다.

❸ Create New…: 새 작업 창을 만듭니다.

❹ Open: 기존에 열었던 파일을 다시 불러옵니다.

❺ Recent: 가장 최근에 열었던 파일을 표시합니다.

LESSON 02. 포토샵 기본 화면

기본 화면은 크게 메뉴 바, 툴 바, 작업 화면, 패널 등으로 구성되어 있습니다.

❶ **메뉴 바**: 포토샵의 모든 기능들이 카테고리별로 분류, 정리되어 있습니다.

❷ **옵션 바**: 툴 바에서 선택한 툴의 옵션을 조절할 수 있도록 합니다.

❸ **툴 바**: 자주 사용하는 기능들로 구성되어 있습니다.

❹ **파일 이름 탭**: 파일 이름, 이미지 확대/축소 비율, 컬러 모드 등 파일의 기본 정보가 표시됩니다.

❺ **작업 화면, 캔버스**: 실제 작업 영역입니다.

❻ **상태 표시줄**: 화면의 확대/축소 비율을 설정할 수 있으며, 작업 중인 이미지의 정보가 표시됩니다.

❼ **패널**: 특정 기능별로 모아둔 패널로 작업에 필요한 기능 및 옵션을 설정할 수 있고, Window 메뉴를 사용해 숨기기/보이기를 할 수 있습니다.

❽ **작업 화면 선택**: 작업 화면의 패널 구성 등을 작업의 목적에 맞게 변형하거나 선택할 수 있습니다.

메뉴 바에서 [Edit] – [Preference] – [Interface] 메뉴를 선택합니다. Appearance의 Color Theme 항목에서 원하는 밝기를 선택하고 [OK]를 눌러주면 작업 화면의 밝기를 조절할 수 있습니다.

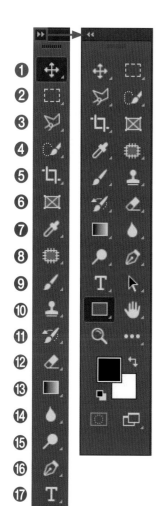

❶ Move Tool(이동 툴: V)

❷ Marquee Tool(선택 툴: M)

❸ Lasso Tool(올가미 툴: L)

❹ Quick Selection Tool(빠른 선택 툴: W)

❺ Crop Tool(자르기 툴: C)

❻ Frame Tool(프레임 툴: K)

❼ Eyedropper Tool(스포이트 툴: I)

❽ Spot Healing Brush Tool(스팟 복구 브러시 툴: J)

❾ Brush Tool(브러시 툴: B)

❿ Clone Stamp Tool(복제 도장 툴: S)

⓫ History Brush Tool(작업 내역 브러시 툴: Y)

⓬ Eraser Tool(지우개 툴: E)

⓭ Gradient Tool(그레이디언트 툴: G)

⓮ Blur Tool(블러 툴)

⓯ Dodge Tool(닷지 툴: O)

⓰ Pen Tool(펜 툴: P)

⓱ Horizontal Type Tool(문자 툴: T)

⓲ Path Selection Tool(패스 선택 툴: A)

⓳ Shape Tool(셰이프 툴: U)

⓴ Hand Tool(손바닥 툴: H)

㉑ Zoom Tool(돋보기 툴: Z)

㉒ Editor Toolbar(더 보기 툴)

㉓ Set Foreground/Background Color(전경색/배경색)

㉔ Quick Mask Mode(퀵 마스크 모드: Q)

㉕ Change Screen Mode(화면 모드 변경: F)

 TIP
툴 바 상단의 화살표 버튼을 누르면 툴 바의 형태를 바꿀 수 있습니다.

① Move Tool(이동 툴: V)

작업 화면의 레이어, 가이드 라인(룰러 툴에서 꺼내어 쓸 수 있습니다.) 등을 이동시킬 때 사용됩니다. Artboard Tool은 모바일 디바이스용 캔버스를 생성할 때 사용합니다.

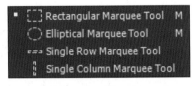

② Marquee Tool(선택 툴: M)

사각형, 원형, 한 줄 가로, 한 줄 세로 등 선택 영역을 지정할 때 사용합니다.

③ Lasso Tool(올가미 툴: L)

드래그로 자유롭게 선택 영역을 지정할 때 사용합니다. Polygonal Lasso Tool은 마우스를 클릭함에 따라 직선 형태로 선택 영역이 지정되며, Magnetic Lasso Tool은 이미지의 색상 경계선을 따라 자동으로 선택 영역이 지정됩니다.

④ Quick Selection Tool(빠른 선택 툴: W)

비슷한 색상 영역을 자동으로 선택할 때 사용합니다.

⑤ Crop Tool(자르기 툴: C)

캔버스의 사이즈를 임의로 조절하고 싶을 때, 선택 영역만 남기고 나머지 부분을 잘라내는 것으로 조절할 수 있습니다. Perspective Crop Tool은 원근감을 적용하여 잘라내고, Slice Tool은 이미지의 분할 및 저장, Slice Select Tool은 분할된 영역을 이동/복제/삭제할 수 있습니다.

⑥ Frame Tool(프레임 툴: K)

마스크를 만들 때 사용합니다.

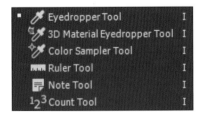

⑦ Eyedropper Tool(스포이트 툴: I)

이미지에서 색상을 추출할 때 사용합니다. 3D Material Eyedropper Tool은 3D 오브젝트에서 색상을 추출할 수 있고, Color Sampler Tool은 선택한 색상을 비교하며, Ruler Tool은 길이나 각도 등을 측정할 수 있습니다. Note Tool은 메모 기능을 제공하고, Count Tool은 오브젝트의 개수를 세는 역할을 합니다.

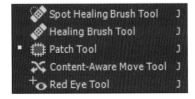

⑧ Healing Brush Tool(스팟 복구 브러시 툴: J)

Spot Healing Brush Tool과 Healing Brush Tool은 이미지의 질감을 복제함으로써 이미지를 자연스럽게 보정할 때 사용합니다. Patch Tool은 선택 영역을 다른 영역으로 자연스럽게 옮기는 데 사용하고, Content-Aware Move Tool은 특정 이미지를 원하는 위치로 자연스럽게 옮길 때 사용합니다. Red Eye Tool은 이미지의 적목 현상을 수정할 때 사용합니다.

⑨ Brush Tool(브러시 툴: B)

붓, 연필로 그리듯 채색할 때 사용됩니다. Color Replacement Tool은 기존 색상을 교체할 때, Mixer Brush Tool은 기존 이미지에 포함된 색상을 섞을 때 사용합니다.

⑩ Clone Stamp Tool(복제 도장 툴: S)

지정한 영역을 도장으로 찍듯이 선택/복제하고 원하는 영역에 문지르듯 드래그하여 붙여 넣을 수 있습니다. Pattern Stamp Tool은 패턴으로 채울 때 사용합니다.

⑪ History Brush Tool(작업 내역 브러시 툴: Y)

History Brush Tool은 기존에 변형된 이미지를 되돌릴 때 사용합니다. Art History Brush Tool은 회화적 표현을 추가하여 되돌릴 때 사용합니다.

⑫ Eraser Tool(지우개 툴: E)

Eraser Tool은 이미지를 지울 때 사용합니다. Background Eraser Tool은 지운 부분은 투명하게 하고, Magic Eraser Tool은 클릭한 지점을 기준으로 비슷한 색상 영역을 자동으로 지워 줍니다.

⑬ Gradient Tool(그레이디언트 툴: G)

두 가지 이상의 색이 자연스럽게 이어지는 형태로 선택 영역을 채웁니다. Paint Bucket Tool은 전경색이나 패턴으로 선택 영역을 채우고, 3D Material Drop Tool은 3D 오브젝트의 선택 부분을 전경색이나 패턴으로 채웁니다.

⑭ Blur Tool(블러 툴)

Blur Tool은 이미지에서 도드라지는 부분을 클릭, 드래그로 흐리게 만들 수 있습니다. Sharpen Tool은 이미지를 좀 더 선명하게 만들 때 사용하며, Smudge Tool은 손가락으로 밀어서 번진듯이 이미지를 왜곡시킵니다.

⑮ Dodge Tool(닷지 툴: O)

특정 영역의 명도를 밝게 조절할 때 클릭, 드래그로 조절합니다. Burn Tool은 명도를 어둡게 표현할 때, Sponge Tool은 채도를 조절할 때 사용합니다.

⑯ Pen Tool(펜 툴: P)

곡선, 직선 형태의 Path를 생성할 때 사용합니다. Freeform Pen Tool은 드래그한 영역을 따라 자유롭게 Path를 생성할 때, Curvature Pen Tool은 클릭만으로도 곡선 Path를 자동으로 만들어주며, Add Anchor Point Tool은 기존 Path에 점을 추가할 때, Delete Anchor Point Tool은 기존 Path에서 점을 삭제할 때, Convert Point Tool은 점의 속성을 바꿀 때 사용합니다.

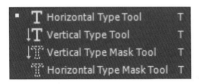

⑰ Horizontal Type Tool(문자 툴: T)

가로 방향의 텍스트를 입력할 때 사용합니다. Vertical Type Tool은 세로 방향으로 입력할 때 사용하고, Vertical Type Mask Tool과 Horizontal Type Mask Tool은 텍스트 모양의 선택 영역을 지정할 때 사용합니다.

⑱ Path Selection Tool(패스 선택 툴: A)

Pen Tool이나 Shape Tool에서 생성한 Path를 전체 선택하거나 옮길 때 사용합니다. Direct Selection Tool은 Path의 일부 기준 점만 선택할 때 사용합니다.

⑲ Shape Tool(셰이프 툴: U)

여러 모양의 벡터 이미지를 만들 때 사용합니다. Rectangle Tool은 사각형, Rounded Rectangle Tool은 곡선 모서리의 사각형, Ellipse Tool은 원형, Polygon Tool은 다각형, Line Tool은 선, Custom Shape Tool은 제공된 여러 모양의 벡터 이미지를 선택하여 사용할 수 있습니다.

⑳ Hand Tool(손바닥 툴: H)

확대된 작업 화면의 이미지 중에서 원하는 부분을 볼 때 사용합니다. 손으로 밀듯이 드래그하면 이미지를 이동할 수 있습니다. Rotate View Tool은 작업 화면을 회전시킬 때 사용합니다.

㉑ Zoom Tool(돋보기 툴: Z)

화면을 확대하거나 축소합니다.

㉒ Editor Toolbar(더 보기 툴)

툴 바의 조합을 변경하거나 툴 위치를 변경할 때 사용합니다. 설정 아이콘을 클릭하고 Editor Toolbar를 누르면, Custom Toolbar 설정 창이 열립니다. 이때 드래그하여 Extra Tools로 옮기거나 Toolbar로 옮겨올 수 있습니다.

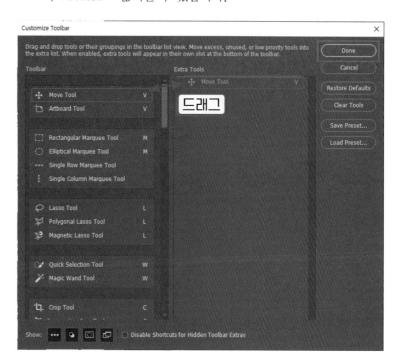

툴 조합의 가장자리를 선택, 드래그하여 툴 그룹의 위치를 바꿀 수 있습니다.

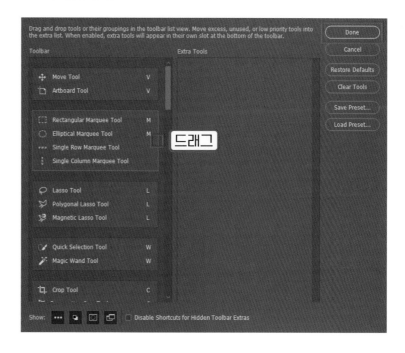

㉓ Set Foreground/Background Color(전경색/배경색)

팔레트(Palette)의 윗부분은 전경색, 뒷부분은 배경색입니다. 팔레트를 선택하면 색상을 변경할 수 있으며, 왼쪽 하단의 작은 아이콘은 기본 전경색/배경색으로 리셋할 때 사용합니다.

㉔ Quick Mask Mode(퀵 마스크 모드: Q)

브러시 등으로 선택 영역을 지정하고 싶을 때 사용합니다.

㉕ Change Screen Mode(화면 모드 변경: F)

기본 화면을 Full Screen(전체 보기) 화면으로 전환할 때 사용합니다. Esc나 F를 누르면 표준 화면으로 되돌릴 수 있습니다.

CHAPTER 02

포토샵 패널 살펴보기

LESSON 01. 패널의 기능 살펴보기

메뉴 바의 [Window] 메뉴는 포토샵의 모든 패널을 한 눈에 보여주며, 필요한 패널의 이름을 선택하면 패널 바에 아이콘이 추가됩니다. 아이콘을 드래그하여 기본 패널에 추가할 수도 있습니다.

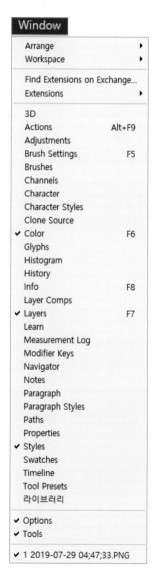

[Window] 메뉴를 통해 패 널을 보이거나 숨기게 할 수 있습니다. 또한, 자주 사 용하는 패널은 작업 화면 의 우측에 열어두고 쓰면 작업이 더욱 편합니다.

• Layers 패널 F7: 레이어를 추가/삭제/이동 등을 통해 편집하거나 Blending Mode(블렌딩 모드) 등의 다양한 레이어 기능을 사용할 수 있습니다.

• Channels 패널: 이미지의 RGB 정보를 표시합니다. 선택 영역 지정하거나 특정 색상을 보정할 때, 알파 채널을 생성할 때 사용합니다.

• Paths 패널: Pen Tool 등으로 생성한 Path의 정보를 볼 수 있으며, Path를 선택 영역으로 지정하거나 라인을 그리는 등 다양한 작업을 할 수 있습니다.

• Color 패널 F6: 전경색과 배경색을 변경할 수 있고, 확장 버튼을 눌러 원하는 패널 모드를 선택할 수 있습니다.

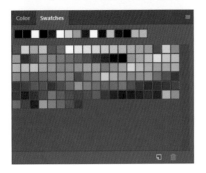

• Swatches 패널: 기본 색상이 팔레트 형태로 제공되며, 색상을 추가하거나 삭제하여 자주 사용되는 색을 저장해둘 수 있습니다.

• Styles 패널: 레이어에 적용할 수 있는 Style 모음 패널입니다. 기본적으로 제공되는 Style을 바로 사용할 수 있고, Style set을 불러오거나 추가/삭제 등을 할 수 있습니다.

• Adjustments 패널: 이미지 보정에 자주 사용되는 Adjustment 메뉴의 기능을 한눈에 알아보도록, 아이콘 형태로 보여주는 패널입니다. 아이콘을 누르면 레이어에 해당 기능의 레이어가 추가됩니다.

• History 패널: 작업 과정이 단계별로 기록되는 것을 보여주는 패널로, 기록된 단계로 작업 내용을 되돌릴 수 있습니다.

• Actions 패널 Alt + F9: 작업 과정을 저장하여 클릭 한 번으로 다른 작업에 동일하게 적용할 수 있습니다.

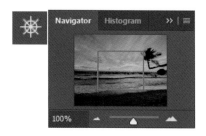

• Navigator 패널: 작업 중인 이미지가 확대되어 부분만 보이는 경우, 현재 작업 중인 이미지가 전체 이미지의 어느 부분인지 확인할 수 있습니다.

• Histogram 패널: 이미지 전체의 RGB 색상 분포를 그래프로 보여줍니다.

• Clone Source 패널: Clone Stamp Tool을 사용할 때 복제할 소스를 최대 5개까지 등록해두고 소스의 크기, 비율, 회전 각도 등을 조절해 사용할 수 있습니다.

• Brush Settings 패널 F5: 새로운 브러시를 등록하거나 브러시 세트를 불러올 수 있으며, 브러시의 세부 옵션을 설정합니다.

• Brushes 패널: 자주 사용하는 브러시를 관리하는 패널입니다. 브러시의 순서를 변경하거나 폴더를 만들어 브러시를 관리할 수 있습니다.

패널의 Size 항목에서 슬라이더를 조절하여 브러시의 미리보기 크기를 조정할 수 있습니다.

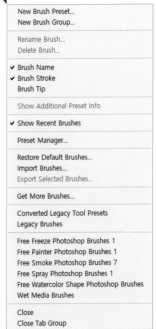

• **Properties 패널**: Adjustments 패널에서 선택한 기능의 세부 속성 값을 조절합니다.

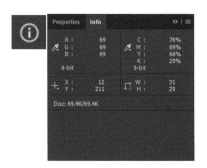

• **Info 패널 F8**: 마우스 커서의 좌표에 따른 정보(색상, 위치, 크기, 각도 등)를 수치로 표시합니다.

• **Character 패널**: 폰트의 종류, 폰트 크기, 간격, 비율, 색상 등의 세부 옵션을 조절합니다.

• **Character Styles 패널**: 자주 사용하는 폰트의 스타일을 등록하여 사용합니다.

• **Paragraph 패널**: 단락의 정렬 및 들여쓰거나 내어쓰는 등의 문장 스타일을 설정합니다.

• Paragraph Styles 패널: 문단 스타일을 등록하거나 삭제할 수 있습니다.

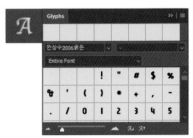

• Glyphs: Type Tool로 텍스트를 입력할 때 특수 문자나 문장 부호 등을 삽입할 수 있습니다.

• 3D 패널: 3D 오브젝트의 속성을 설정할 때 사용합니다.

• Layer Comps 패널: 레이어에 적용된 작업 내용을 저장하여 해당 기록을 선택하면 저장된 작업으로 변경해 보여줍니다.

• Notes 패널: 작업 화면에 메모를 남길 수 있는 기능입니다.

• Tool Presets 패널: 자주 사용하는 툴의 옵션값을 저장하고 사용할 수 있습니다.

• Modifier Keys 패널: 패널을 실행하면 왼쪽 화면의 툴 바 옆에 보조키 버튼이 생성됩니다. 버튼을 누르면 키보드의 해당 키를 누른 것과 같은 상태를 유지할 수 있습니다.

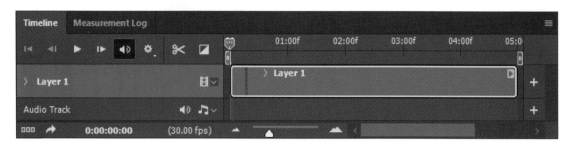

• Timeline 패널: 애니메이션을 만들거나 영상을 편집할 때 사용됩니다.

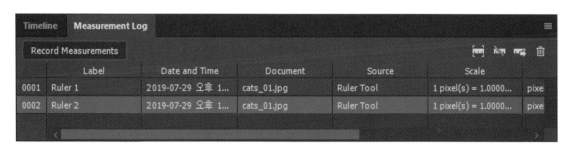

• Measurement Log 패널: Ruler Tool로 측정한 정보를 추가하여 저장합니다.

• 패널 펼치고 접기

: 패널을 접을 때는 패널 이름을 더블클릭하고, 접힌 패널을 펼칠 때는 패널 이름을 클릭하면 됩니다.

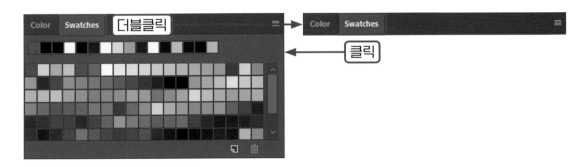

• 패널의 확장과 축소

: 패널을 확장하거나 축소할 때에는 다음 그림에 표시된 작은 삼각형을 클릭하거나, 패널명 부분을 마우스 오른쪽 버튼으로 클릭합니다. 패널명 부분을 클릭할 경우, [Collapse to Icons]를 선택하면 패널이 축소됩니다. 또한, 축소된 아이콘을 마우스 오른쪽 클릭하여 [Expend Panels]를 선택하면 패널을 확대할 수 있습니다.

· 패널 숨기기

: 패널을 숨기고 싶을 때는 패널명 부분을 마우스 오른쪽 버튼 클릭하여 [Close]를 선택합니다.

· 다양한 패널 모드 설정하기

: 패널 모드를 작업 특성에 맞추어 사용하고 싶을 때, 오른쪽 상단의 Workspace 버튼을 클릭하거나, 메뉴 바에서 [Window] – [Workspace]를 선택합니다.

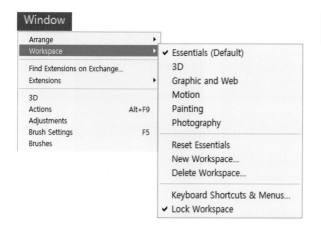

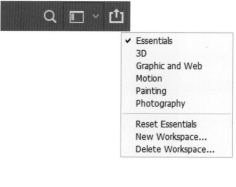

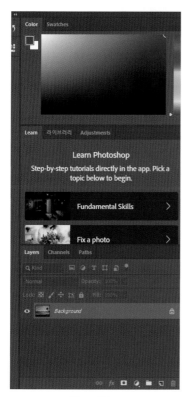

Essentials   3D   Graphic & Web

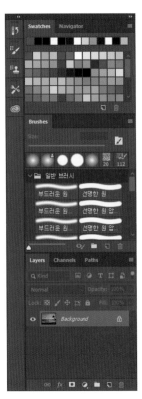

Motion   Painting   Photography

3D 패널과 Motion 패널에서는 화면 하단에 Timeline 패널이 나타납니다.

· 패널 잠그기

: 패널을 고정시키고 싶을 때에는 [Window] – [Workspace] – [Lock Workspace]를 선택합니다.

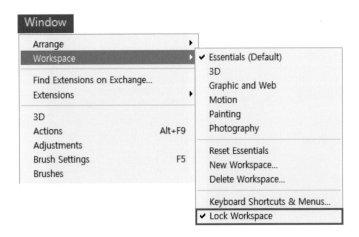

• 패널 이동하기

: 패널이 잠기지 않은 상태일 때, 패널명을 클릭하여 드래그하면 분리할 수 있습니다. 분리된 패널을 패널 영역에 합칠 때도 마찬가지로 패널명을 클릭하여 원하는 위치에 드래그하면 됩니다.

패널 분리 및 합치기

패널 위치 옮기기

• 새로운 작업 환경 만들기

: 기본적으로 제공되는 작업 화면 이외에 새로운 작업 화면을 구성하고 싶을 때에는 화면 우측 상단의 Workspace 아이콘의 확장 버튼을 클릭하여 [New Workspace]를 선택하면 현재 구성된 작업 화면이 저장됩니다. 삭제할 때는 [Delete Workspace]를 선택합니다.

CHAPTER 03 그래픽 기초 지식 알아보기

LESSON 01. 비트맵 방식과 벡터 방식

디지털 이미지는 크게 비트맵과 벡터로 구분됩니다. 포토샵은 주로 비트맵 형식을 사용하지만 Pen Tool, Shape Tool 등을 이용해 비교적 간단한 벡터 형식의 기능을 사용할 수 있습니다.

비트맵 이미지

비트맵 이미지는 픽셀(Pixel)이라는 정사각형의 점이 모여서 구성된 이미지로, 래스터(Raster) 이미지라고도 합니다. 개별 정보를 가진 픽셀이 응집되어 이미지를 구성하므로 색상과 질감을 보다 풍부하게 표현할 수 있습니다. 해상도가 너무 떨어지면 확대했을 때 픽셀의 사각형 단위가 보이는 계단 현상이 나타납니다. 따라서 해상도를 일정 수준 이상으로 높여야 고품질의 이미지를 만들 수 있습니다. 보통 사용되는 사진 이미지나 페인팅 이미지는 대부분 비트맵 방식입니다.

벡터 이미지

벡터 이미지는 점과 점을 연결해서 선이나 곡선을 만들고 내부에 색상이나 패턴을 채운 이미지입니다. 벡터 이미지는 좌표의 정보로 계산되므로 이미지의 사이즈를 늘려도 비트맵 이미지처럼 화질이 손상되지 않으며, 비트맵에 비해 용량 또한 작습니다.

LESSON 02. RGB 모드와 CMYK 모드

RGB와 CMYK는 포토샵에서 주로 사용되는 컬러 모드입니다. 모니터를 통해서 보는 화면의 색상은 빛을 기반으로 하는 RGB 모드를 주로 사용하고, 인쇄를 목적으로 하는 이미지는 잉크를 기반으로 하는 CMYK 모드를 사용합니다.

RGB 모드

RGB는 빛의 삼원색인 Red, Green, Blue 세 가지 색의 약자로, 이 세 가지 색을 혼합하여 색을 표현합니다. RGB 모드에서는 이 세 종류의 광원을 혼합할수록 밝아지기 때문에 이를 '가산혼합'이라고 합니다.

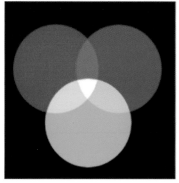
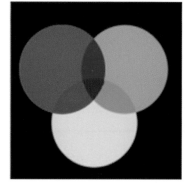

RGB 컬러 모드 　　　　　　　　　CMYK 컬러 모드

CMYK 모드

CMYK 모드는 인쇄시 사용하는 잉크 색상(Cyan, Magenta, Yellow, Black)을 원색으로 합니다. CMYK 모드는 잉크의 특성처럼 색이 혼합될수록 명도가 낮아지므로 '감산혼합'이라고 합니다. 인쇄를 목적으로 한 디지털 작업은 처음부터 CMYK 모드로 설정하여 작업해야만 색의 손실을 피할 수 있고 인쇄 후의 결과물이 디지털 작업물과 동일하게 나올 수 있습니다. 또한 모니터에서 보이는 색은 모니터의 사양이나 제품에 따라 다른 경우가 매우 흔하기 때문에 작업 중간에 출력하여 확인해보는 것도 중요합니다.

RGB, CMYK 모드 설정하기

[File] − [New] 혹은 [Ctrl] + [L]을 선택하면 [New Document] 대화상자가 나타납니다. 여기서 우측에 있는 [Color Mode]에서 [RGB Color]나 [CMYK Color]를 선택하여 컬러 모드를 설정할 수 있습니다.

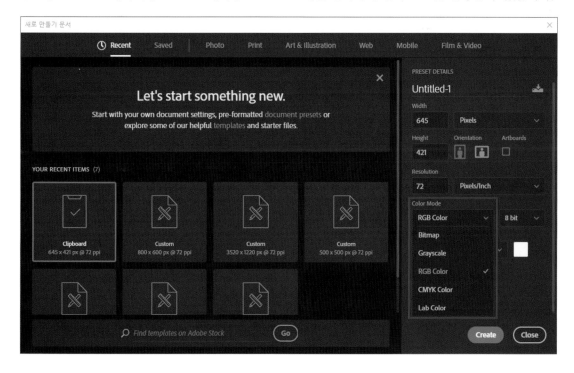

컬러 모드는 메뉴의 [Image] - [Mode] 항목에서
변경할 수 있습니다.

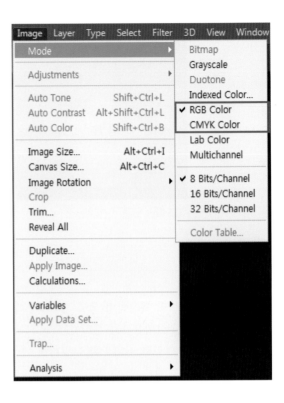

[Color] 패널의 확장 버튼(▤)을 클릭하면 생성되는 팝업 메뉴에서도 원하는 모드(RGB, CMYK 모드)
의 색상으로 변경할 수 있습니다.

RGB 모드

CMYK 모드

LESSON 03. 해상도

해상도는 1인치 안에 표현되는 픽셀의 개수를 말하는 것으로, 비트맵 이미지의 최소 구성 단위입니다.
웹 이미지를 제작할 때는 72PPI나 96PPI, 인쇄용 이미지를 제작할 때는 150~300PPI로 해상도를 사용
합니다. 또한, 잡지 등의 고품질 인쇄를 요구하는 작업에서는 400PPI이상의 해상도를 적용해야 합니다.

이미지 해상도 조절하기

메뉴 바에서 [Image] – [Image Size]를 선택하거나, 단축키 [Ctrl] + [Alt] + [I]를 누르면 Image Size
팝업 창이 실행됩니다. 여기서 이미지의 해상도를 조절할 수 있습니다.

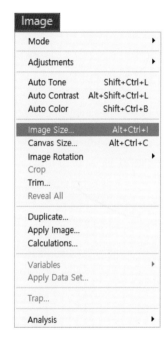
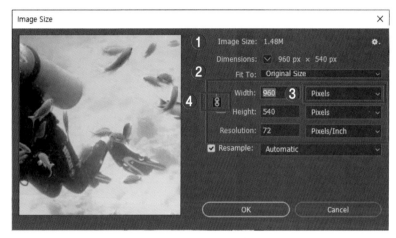

❶ Image Size는 해당 이미지 파일의 용량을 나타내며, Dimensions는 이미지의 사이즈 정보를 나
타냅니다.

❷ 가로(Width), 세로(Height), 해상도(Resolution)을 확인하고 변경할 수 있습니다.

❸ Pixels 메뉴를 클릭하면 생성되는 메뉴에 변경할 수 있는 이미지 단위들이 있습니다.

❹ 링크 아이콘의 유무는 이미지 사이즈를 변경할 때 가로와 세로의 비례가 유지되는지 아닌지의 유무를
보여줍니다. 클릭하여 해제하면 비례와 상관없이 크기를 변경할 수 있습니다.

PPI와 DPI의 차이점은 출력되는 방법에 있습니다. PPI는 Pixel Per Inch의 약자로 1인치 안에 몇 개의 픽셀이 존재하는가를 나타내며, DPI는 Dot Per Inch의 약자로 1인치 안에 몇 개의 점이 존재하는가를 나타냅니다. Pixel은 모니터 화면에, Dot는 인쇄물에 출력되는 것을 말합니다.

PPI의 경우 모니터의 Pixel 밀도는 정해져 있으므로 수치를 올리면 이미지의 크기만 커집니다. 반면에 DPI는 수치를 높이면 인쇄의 품질은 높아지고 이미지의 크기는 변하지 않습니다. 또한 DPI는 인쇄기기의 종류에 따라 최대 DPI 수치가 정해져 있기 때문에 기기의 성능에 맞는 수치로 설정하는 것이 좋습니다.

LESSON 05. 파일 형식

• PSD
PSD 파일 형식은 포토샵 전용 파일 형식으로 포토샵에서 작업한 레이어, 채널, 패스 등의 다양한 작업 정보가 저장되어 있습니다. 따라서 추후에 저장된 정보를 활용하여 작업을 수정할 때 매우 용이한 파일 형식입니다.

• JPEG
JPEG 파일은 압축 시 이미지 손실이 적어 GIF와 함께 웹에서 가장 보편적으로 사용되는 파일 형식입니다. 24bit의 색상을 표현하므로 사진과 같이 색상 수가 많거나 톤이 다양한 이미지를 저장할 때 가장 가성비가 좋은 파일 형식이라 할 수 있습니다.

• GIF
GIF 파일은 8bit로 256가지의 색상만 표현되기 때문에 파일 크기가 가벼워서 웹에서 선호되는 파일 형식입니다. 또한 자체적으로 애니메이션이 저장되고 가볍기 때문에 GIF 애니메이션 등으로 활용됩니다. 용량이 작은 대신, 표현할 수 있는 색상 수가 적어 섬세한 이미지나 사진에는 적합하지 않습니다.

• PNG
PNG 파일은 JPEG와 GIF 파일의 단점을 보완한 형태의 파일 형식입니다. 무손실 압축을 지원하며 24bit의 색상을 구현하고 알파 채널을 지원하여 투명, 반투명 효과를 표현할 수 있는 장점이 있습니다.

CHAPTER 04

포토샵 기본 사용법

LESSON 01. 포토샵 파일 열기

포토샵에서 이미지를 불러오는 네 가지 방법을 소개합니다.

① 메뉴에서 열기

포토샵 시작 화면에서 이미지를 선택하고 [Open] 버튼을 클릭하는 방법, 메뉴 바에서 [File] – [Open]을 선택하는 방법, 단축키 [Ctrl] + [O]를 눌러 [열기] 대화상자에서 이미지를 선택하여 불러오는 방법이 있습니다.

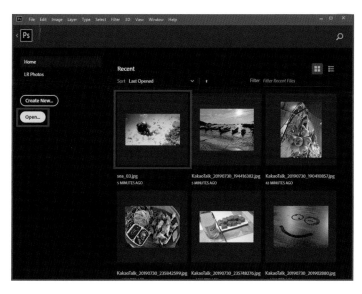

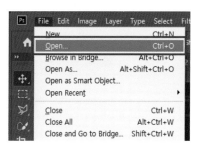

② 화면으로 이미지를 끌어 넣어서 열기

드래그 앤 드롭 방식으로, 열고 싶은 이미지를 포토샵 화면에 끌어다 넣어서 이미지를 열 수 있습니다.

③ 탭으로 이미지를 끌어 넣어서 열기

포토샵의 시작 화면이 아닌 작업 화면인 경우, 파일 이름이 있는 탭의 위치로 드래그 앤 드롭하여 이미지를 불러옵니다.

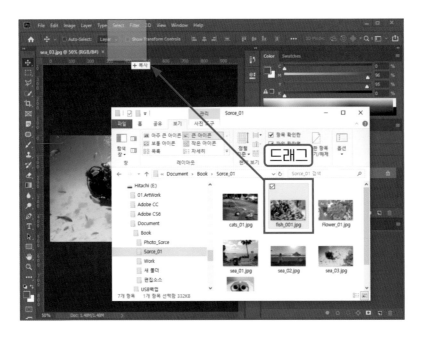

④ 어도비 브릿지를 이용해 열기

어도비 브릿지는 파일 탐색기와는 달리 PSD, AI 파일 등을 미리보기 화면으로 이미지를 확인하고 불러올 수 있는 프로그램입니다. Creative Cloud에서 다운로드하여 설치할 수 있고, [File] - [Browse in Bridge]를 선택하면 프로그램을 실행할 수 있습니다.

작업 이미지 생성 방법

새 작업 이미지는 상단 메뉴 바에서 [File] - [New]를 클릭하거나,
단축키 [Ctrl] + [N]을 사용하여 만듭니다.

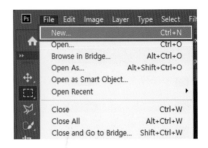

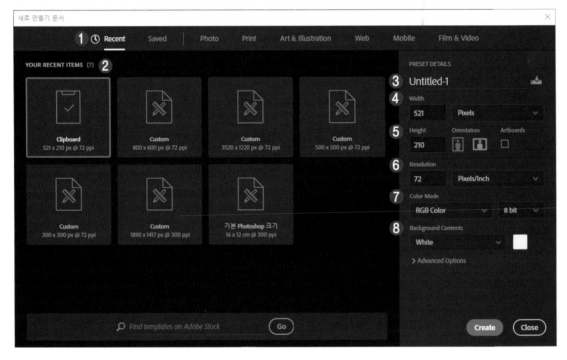

❶ Recent: 기존에 설정된 이미지 사이즈를 보여줍니다. 용도별로 다양한 사이즈를 설정하거나 새로운 템플릿을 다운받을 수 있습니다.

❷ YOUR RECENT ITEMS: 최근에 사용한 이미지의 사이즈입니다.

❸ Name: 새 작업 이미지의 이름을 입력할 수 있습니다.

❹ Width: 새 작업 이미지의 가로 사이즈를 설정하고 단위를 선택합니다.

❺ Height: 새 작업 이미지의 세로 사이즈를 설정하고 단위를 선택합니다.

❻ Resolution: 이미지의 해상도를 설정해줍니다.

❼ Color Mode: RGB와 CMYK 등 이미지 용도에 맞는 컬러 모드를 설정합니다.

❽ Background Contents: 새 작업 이미지의 배경색을 설정합니다.

LESSON 03. 작업 이미지 저장하기

저장하기

메뉴 바에서 [File]-[Save]를 선택하거나 단축키 [Ctrl] + [S]를 눌러 이미지를 저장합니다.

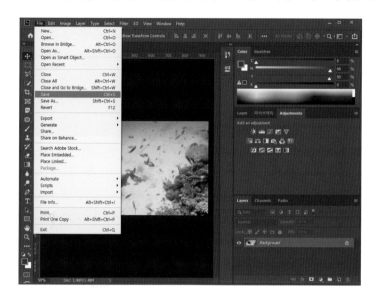

이미지를 불러온 직후에 [File] 메뉴를 선택하면 [Save As]만 활성화되고 [Save] 메뉴는 비활성화됩니다. [Save] 메뉴는 작업을 진행해야 활성화됩니다.

다른 이름으로 저장하기

메뉴 바에서 [File]-[Save as]를 클릭하거나 단축키 [Ctrl] + [Shift] + [S]를 누르면, [다른 이름으로 저장] 대화상자가 나타납니다. 여기서 [파일 이름]과 [파일 형식]을 지정한 후, [저장]을 클릭합니다.

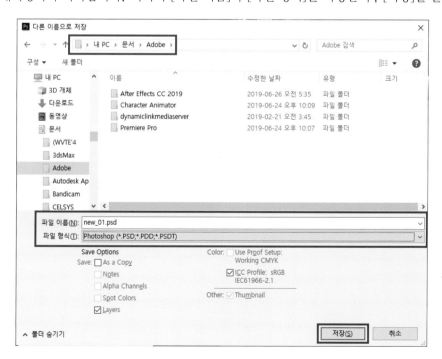

작업 이미지 닫기와 포토샵 종료하기

이미지 닫기

이미지를 닫으려면 이미지 파일의 제목 표시줄 끝의 ⊠를 클릭하거나, 단축키 [Ctrl] + [W]를 눌러 줍니다.

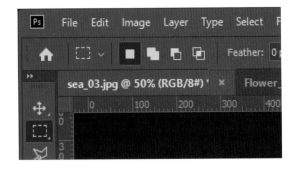

포토샵 종료하기

포토샵을 종료하려면 [File] - [Quit]를 선택하거나 포토샵 화면 우측 상단 끝의 ⊠를 클릭합니다. 단축키는 [Ctrl] + [Q]입니다.

작업 화면 조절하기

제목 표시줄

이미지의 제목 표시줄에는 파일명, 이미지 확대 비율, 컬러 모드 등의 정보가 표시됩니다.

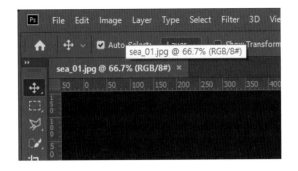

제목 표시줄 분리하기

제목 표시줄을 아래쪽으로 드래그하거나 마우스 오른쪽 버튼으로 클릭하여 [Move to New Window]를 선택하면 새 창으로 분리됩니다.

  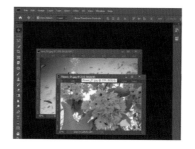

제목 표시줄 탭으로 전환하기

분리된 창을 제목 표시줄 위치로 드래그하거나 마우스 오른쪽 버튼으로 클릭한 후 [Consolidate All to Here]를 선택하면 분리된 창이 탭 형태로 전환되어 정렬됩니다.

 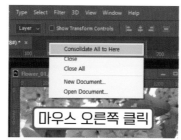 

제목 표시줄 정렬하기

메뉴 바에서 [Window] - [Arrange]를 선택하면 다수의 창을 다양한 방식으로 정렬할 수 있습니다.

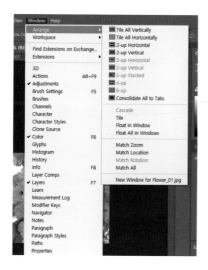 

작업 화면 확대/축소하기

클릭하여 확대/축소하기

툴 바에서 Zoom Tool을 선택해 클릭하면 이미지가 확대되고, [Alt] + [클릭]하면 이미지가 축소됩니다.

드래그하여 확대/축소하기

옵션 바의 [Scrubby Zoom]이 체크된 상태에서 Zoom Tool을 오른쪽으로 드래그하면 이미지가 확대되고 왼쪽으로 드래그하면 축소됩니다.

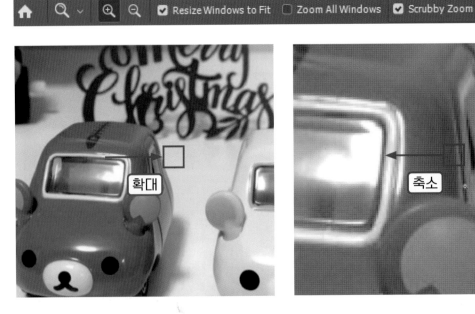
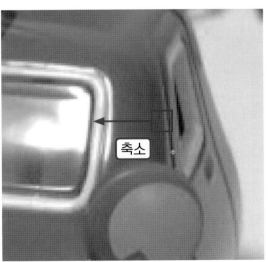

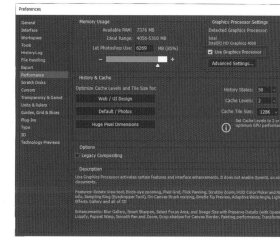

TIP
Scrubby Zoom이 활성화되지 않는 경우, [Edit]-[Preferences]-[Performance]-[Graphics Processor Settings]의 Use Graphics Processor를 체크하여 활성화하고 포토샵을 재실행하면 됩니다.

영역 확대

Scrubby Zoom이 해제된 상태에서 원하는 부분을 Zoom Tool로 드래그하면 그 영역만큼 확대되어 작업 화면에 표시됩니다.

화면의 크기를 유지한 채 이미지 움직이기

확대된 이미지에서 보이지 않는 부분을 보고 싶다면 [Space Bar]를 누릅니다. 그러면 마우스 포인터가 손바닥 모양으로 바뀌는데, 이 상태에서 상하좌우로 드래그하여 이미지를 이동시킵니다. 또한 작업 화면 가장자리의 스크롤 바를 움직여도 화면을 이동시킬 수 있습니다.

창 크기에 맞게 조정하기

옵션 바의 [Resize Window to Fit]를 체크하면 이미지가 확대/축소될 때 창 크기도 함께 변하여 여백이 생기지 않습니다. 체크를 해제하면 창 크기가 고정된 상태에서 이미지 사이즈만 변경됩니다.

모든 창 확대하기

여러 창을 동시에 확대/축소할 때는 옵션 바의 [Zoom All Windows]를 체크합니다.

이미지 보기 방식 설정하기

옵션 바의 이미지 보기 방식은 그림과 같이 세 가지가 있습니다. [100%]를 선택하면 원본 크기를 보여주고, [Fit Screen]을 선택하면 가로나 세로 방향 중 큰 쪽을 기준으로 화면을 꽉 채워 보여주며, [Fill Screen]은 여백 없이 작업 화면을 가득 채워 보여줍니다.

Image Size 조절하기

이미지 사이즈의 조절은 메뉴 바에서 [Image] – [Image Size]를 선택하거나 단축키 [Ctrl] + [Alt] + [I]를 눌러 옵션 창을 실행시켜 정보를 입력, 수정합니다.

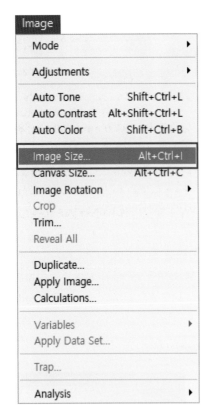

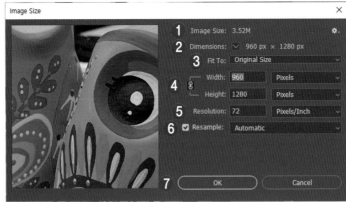

❶ **Image Size**: 현재 이미지 파일의 용량이 표시됩니다.

❷ **Dimensions**: 현재 이미지의 가로와 세로 사이즈의 정보가 표시됩니다.

❸ **Fit To**: 기존에 설정된 사이즈로 변경할 수 있습니다.

❹ **Width/Height**: 가로, 세로 값을 직접 입력하고 단위를 설정할 수 있습니다. 링크 아이콘을 클릭 하여 해제하면 이미지의 비율을 무시하고 가로, 세로 값을 입력할 수 있습니다.

❺ **Resolution**: 이미지의 해상도를 조절할 수 있습니다.

❻ **Resample**: 이미지의 사이즈를 바꿨을 때 처리되는 방식을 선택할 수 있습니다.

❼ **OK / Cancel**: 이미지 사이즈를 변경한 후 [OK]를 눌러 변경된 값을 적용하거나, [Cancel]을 눌 러 변경을 취소할 수 있습니다.

파일 용량 조절하기

이미지의 사이즈를 작게 조절하거나 해상도를 낮게 조절하면 파일 용량이 줄어듭니다.

LESSON 08. 작업 화면 크기 조절하기

Canvas Size 조절하기

이미지 사이즈의 조정과 달리 캔버스 사이즈의 조정은 이미지가 잘리거나 공백이 추가됩니다. 캔버스 사이즈를 조절하기 위해서는 메뉴 바에서 [Image] – [Canvas Size]를 선택하거나, 단축키 [Ctrl] + [Alt] + [C]를 눌러 옵션 창을 실행시켜 값을 입력하는 방법이 있고, [Crop Tool]을 사용하여 수치와 상관없이 임의로 조절하는 방법이 있습니다.

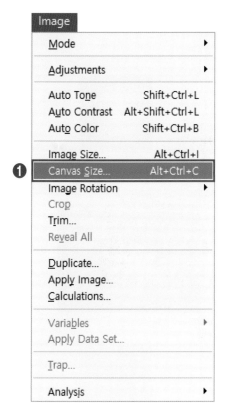

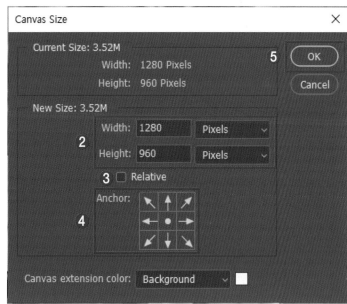

❶ [Image] – [Canvas Size]를 선택하여 옵션 창을 실행시킵니다.

❷ 가로, 세로 값을 입력하고 픽셀이나 인치(Inch) 등의 단위를 선택합니다.

❸ Relative 옵션을 체크하면 입력한 값만큼 여백이 추가됩니다.

❹ Anchor를 사용하여 변경될 사이즈의 기준점을 선택해줍니다.

❺ [OK] 버튼을 눌러 변경된 값을 적용하거나 [Cancel]을 눌러 취소합니다.

Anchor 조절하기

여백이 생기는 위치는 Anchor 방향에 따라 다음과 같이 달라집니다.

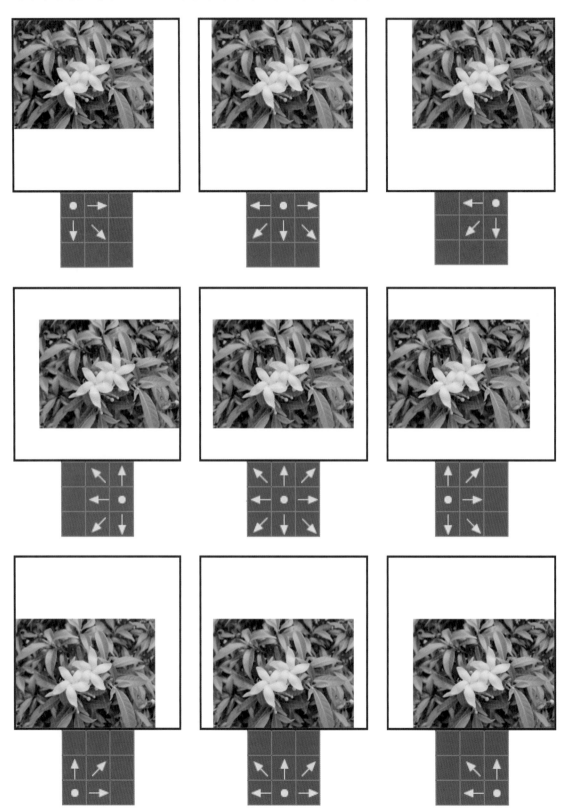

Relative 옵션

Relative 옵션을 체크하면 입력한 크기대로 여백이 생깁니다.

레이어(Layer)란?

레이어(Layer)의 사전적 의미는 '층, 계층, 쌓은'이라는 의미로, 포토샵에서는 층층이 쌓인 이미지의 계층을 말합니다. 투명한 종이를 여러 장 겹쳐서 각 종이에 각기 다른 그림을 그리는 것으로 생각할 수 있습니다. 이해를 돕기 위해 피자 이미지를 예로 들겠습니다. 베이스 도우에 소스를 바른 이미지가 가장 아래에 있고, 그 위로 도우링, 그 위로 여러 토핑 재료들이 층층이 쌓여 피자 이미지를 구성한 것을 볼 수 있습니다.

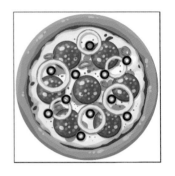

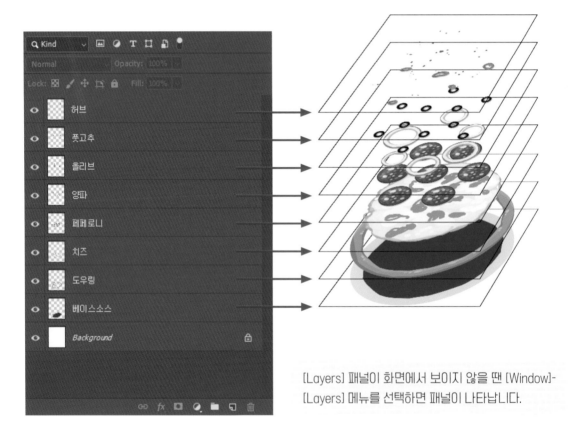

[Layers] 패널이 화면에서 보이지 않을 땐 [Window]-[Layers] 메뉴를 선택하면 패널이 나타납니다.

레이어를 사용하는 이유

포토샵에서 레이어를 사용하는 이유는 원본 이미지를 보호한 상태에서 수정할 수 있기 때문입니다. 레이어를 추가하여 기존 이미지 위에 그림을 그린 경우 레이어를 삭제하면 원본 이미지를 그대로 복원할 수 있습니다. 하지만 원본 이미지 위에 그림을 그린 경우에는 레이어 삭제처럼 간편하게 이미지를 복원할 수 없습니다.

레이어의 종류

❶ Layer(일반 레이어): 레이어를 추가할 때 가장 기본적으로 생성되는 레이어로 자유롭게 이동, 수정 등이 가능합니다.

❷ Text Layer(문자 레이어): Type Tool로 텍스트를 입력할 때 생성되는 레이어입니다.

❸ Adjustment Layer(조정 레이어): Adjustments 메뉴의 기능들을 레이어로 사용하여 하위 레이어의 이미지를 손상시키지 않고 이미지를 보정할 수 있습니다.

❹ Smart Object Layer(스마트 오브젝트 레이어): 이미지를 수정해도 다시 되돌릴 수 있도록 이미지를 벡터화하여 사용하는 레이어입니다.

❺ Link Smart Object Layer(링크 스마트 오브젝트 레이어): 외부 이미지 파일을 연결하여 스마트 오브젝트 기능을 사용합니다.

❻ Shape Layer(셰이프 레이어): Pen Tool이나 Shape Tool로 벡터 도형을 그릴 때 생성되는 레이어입니다.

❼ Group Layer(그룹 레이어): 관련된 레이어를 그룹으로 묶어서 관리할 수 있습니다.

❽ Layer Style(레이어 스타일): Layer Style은 레이어에 여러 효과를 적용할 수 있습니다.

❾ Background Layer(백그라운드 레이어): 레이어 패널의 가장 하단에 기본적으로 생성되는 레이어입니다. 레이어의 이름을 바꾸지 않으면 이미지를 움직이거나 레이어의 위치를 바꿀 수 없습니다.

Layers 패널

❶ Pick a filter type(레이어 검색): 레이어의 속성별로 특정 레이어만 선별하여 보여줍니다. 레이어가 많아서 패널이 복잡할 때, 원하는 레이어를 빠르게 찾을 수 있도록 합니다.

❷ Blending Mode(블렌딩 모드): 선택된 레이어와 하위 레이어의 혼합 방식을 설정할 때 사용합니다. 선택된 레이어가 하위 레이어의 색상에 반응하여 합성될 여러 메뉴가 포함되어 있으며, 검은색과 흰색에는 적용되지 않습니다.

❸ Lock(잠금): 선택된 레이어를 수정하지 못하도록 잠그는 기능입니다. 이미지의 투명 영역을 보호하거나 이미지의 추가/이동을 할 수 없도록 보호할 때 사용합니다.

❹ Opacity(투명도): 선택된 레이어의 투명도 값을 숫자를 입력하여 조절합니다. 값이 0에 가까울수록 투명하며, 이미지나 레이어 스타일 그룹 등에 투명도를 적용할 수 있습니다.

❺ Fill(채움): 색상 영역의 투명도를 조절합니다.

❻ Indicates layer visibility(레이어 보이기 표시): 아이콘이 활성화된 레이어만 작업 화면에 이미지가 노출됩니다.

❼ Thumbnail(섬네일): 레이어에 포함된 오브젝트를 작은 화면으로 보여줍니다.

❽ Link layers(링크 레이어): 두 개 이상의 레이어를 연결하여 한꺼번에 이동하거나 변형할 때 사용합니다.

❾ Add a layer style(레이어 스타일 추가): 레이어를 선택하고 아이콘을 클릭하면 그림자 등의 다양한 스타일을 적용할 수 있습니다.

❿ Add a mask(레이어 마스크 추가): 레이어를 선택하고 아이콘을 클릭하면 레이어에 다양한 스타일을 적용할 수 있습니다.

⓫ Create adjustment layer(조정 레이어 만들기): 이미지 조정 레이어를 만듭니다.

⓬ Create a new group(새 그룹 만들기): 새로운 레이어 그룹을 만듭니다.

⓭ Create a new layer(새 레이어 만들기): 새로운 레이어를 만듭니다.

⓮ Delete layer(레이어 삭제): 선택된 레이어를 삭제합니다.

레이어 기본 사용법 따라하기

- **레이어, 그룹 생성**: [Create a new layer] 버튼(■)을 누르면 새로운 레이어를, [Create a new group] 버튼(■)을 누르면 새로운 그룹을 생성할 수 있습니다.

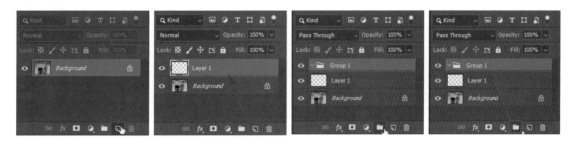

- **레이어, 그룹 삭제**: 레이어를 선택하고 휴지통을 클릭하거나 레이어를 드래그하여 휴지통으로 이동시키면 레이어를 삭제할 수 있습니다.

- **레이어 숨기기/보이기 표시**: [Indicates layer visibility]■를 클릭함으로써 활성/비활성화하여 해당 레이어를 보이게 하거나 숨길 수 있습니다.
- **섬네일**: 해당 레이어의 오브젝트를 작은 화면으로 보여줍니다.

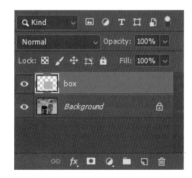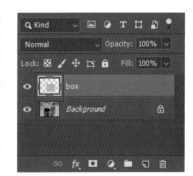

• **레이어 이름**: 레이어를 더블클릭하여 이름을 바꿀 수 있습니다.

 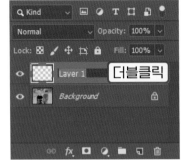 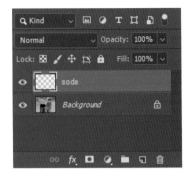

• **레이어 이동**: 레이어를 드래그하여 레이어의 순서를 바꿀 수 있습니다. [Ctrl]을 눌러 여러 레이어를 선택하면 위치를 한꺼번에 이동시킬 수 있습니다.

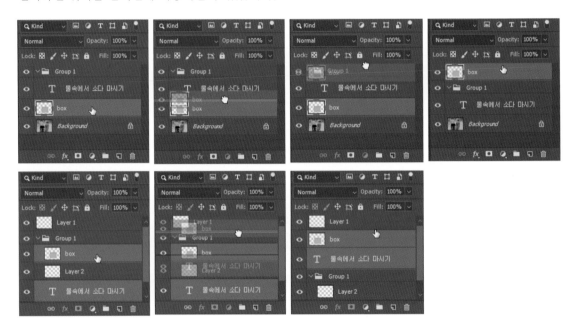

• **레이어 잠금 모드**: 선택된 레이어를 수정하지 못하도록 보호하는 기능입니다.
　▶ **투명 레이어 잠금**: 레이어의 투명 영역을 보호하여, 이미지 영역에서만 작업이 적용됩니다.

Gradient Tool을
선택한 후 드래그

이미지에만
Gradient 적용

▶ **이미지 픽셀 잠금**: 이미지에 색상을 추가하는 등의 작업은 할 수 없지만, 이미지를 Move Tool로 이동시킬 수 있습니다.

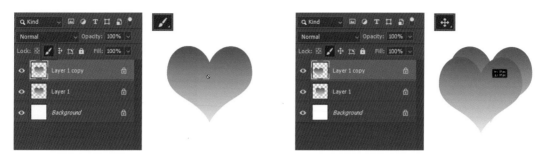

▶ **이동 잠금**: 이미지를 Move Tool로 이동시킬 수는 없지만, 이미지에 색상을 추가하는 등의 작업은 할 수 있습니다.

▶ **아트보드 잠금**: 기본적으로 아트보드에 포함된 레이어의 이미지를 다른 아트보드로 이동시키면 다른 아트보드의 영역으로 레이어가 자동으로 옮겨집니다. 이때 아트보드 잠금기능을 사용하면 동일한 상황에서 이미지만 사라집니다.

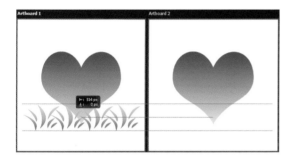
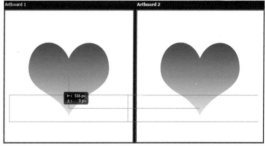

▶ **레이어 잠금**: 이미지를 추가하거나 이동시킬 수 없게 합니다.

▶ **Background 레이어를 일반 레이어로 전환**: Background 레이어의 잠금 아이콘을 클릭하면 Layer 0으로 레이어 이름이 바뀌면서 일반 레이어로 전환됩니다.

 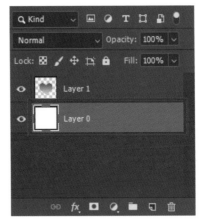

▶ **레이어 합치기**: [Ctrl]을 누른 채 합치고 싶은 레이어들을 클릭하여 선택합니다. 그 후, [Ctrl] + [E]를 누르거나 레이어 패널의 팝업 아이콘(▤)을 클릭하여 [Merge Layers]를 선택하면 상위 레이어를 기준으로 레이어가 병합됩니다.

 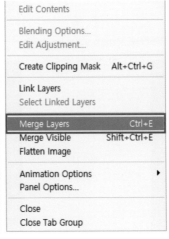 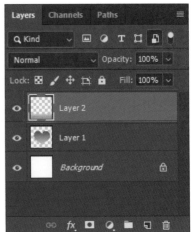

Blending Mode(블렌딩 모드)

Blending Mode는 상위 레이어를 하위 레이어와 혼합하는 방식을 설정해주는 기능들을 제공합니다. 원본 이미지의 손상 없이 색상, 채도, 밝기 등을 조절하여 색다른 느낌을 표현할 수 있습니다.

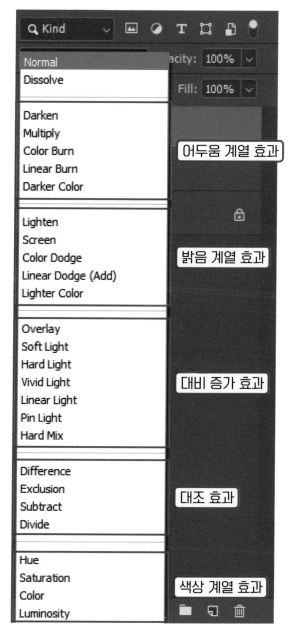

TIP. 활용도가 높은 Blending Mode

Multiply
Screen
Overlay
Soft Light
Color Dodge
Luminosity

▶ Blending Mode 미리보기

상위 레이어

하위 레이어

Dissolve
상위 레이어의 Opacity를 낮추면 점을 뿌린 듯한 거친 효과
가 됩니다.

Darken
상위 레이어의 밝은 부분이 투명으로 표현됩니다. 어두운 부
분은 색과 명도가 혼합되어 더욱 어두워집니다.

Multiply
밝은 부분일수록 투명하게 표현되고 아래 레이어와 색상이
겹치는 부분은 더 어둡게 표현됩니다.

Color Burn
두 레이어에서 흰색과 검은색을 제외한 나머지 부분의 대비
를 강조하여 이미지를 어둡게 표현합니다.

Linear Burn
하위 레이어와 겹쳐진 부분의 명도를 줄이므로 전체 이미지
가 어두워집니다.

Darker Color
기본 색상과 혼합 색상의 모든 채널의 색상을 비교하여 어두
운 색을 혼합하여 표현합니다.

Lighten
밝은 색상은 더욱 부각시키고 어두운 부분은 제거하여 이미
지를 밝게 합니다.

Screen
두 레이어의 색상을 반전시켜 곱하는 현태로 합성하며, 합성
된 색상은 항상 더 밝아집니다.

Color Dodge
각 채널의 색상 정보의 대비를 감소시켜 강한 빛에 노출된 효
과를 냅니다.

Linear Dodge(add)
명도 50%를 기준으로 50%보다 밝은 부분을 더 밝게 표현하
며, Color Dodge보다 전체적으로 고르게 밝기를 표현합니다.

Lighter Color
채널값의 총합을 비교하여 밝은 색을 혼합하여 표현합니다.

Overlay
어두운 부분은 더 어둡게, 밝은 부분은 더 밝게 표현하여 이미지 대비를 증가시켜 표현합니다.

Soft Light
채도 50%를 기준으로 어두운 부분은 더 어둡게, 밝은 부분은 더 밝게 빛을 확산시켜 표현합니다.

Hard Light
채도 50%를 기준으로 어두운 부분은 Multiyply와 비슷한 효과를 주고 밝은 부분은 Screen과 비슷한 효과를 표현합니다.

Vivid Light
Burn이나 Dodge를 적용한 것처럼 이미지 대비를 높여, Hard Light보다 강한 효과를 표현합니다.

Linear Light
채도 50%를 기준으로 밝으면 명도를 증가시켜 밝게 하고, 어두우면 명도를 감소시켜 어둡게 표현합니다.

Pin Light
채도 50%를 기준으로 밝으면 채도를 높이고, 어두우면 채도를 낮추어 표현합니다.

Hard Mix
Vivid Light와 유사하지만 색상의 대비가 높아 이미지에 빨간색, 녹색, 파란색이 추가되어 원색에 가깝게 표현됩니다.

Difference
하위 레이어의 명도를 기준으로 겹친 부분의 어두운 부분을 반전시켜 보색으로 표현합니다.

Exclusion
Difference와 같은 방법으로 합성하지만 이미지의 대조를 낮은 상태로 합성하여 Difference보다 부드럽게 표현합니다.

Subtract
각 채널 색상 정보의 기본 색상에서 혼합된 색상을 빼고 표현합니다.

Divide
각 채널 색상 정보의 기본 색상에서 혼합 색상을 나누어 표현합니다. 어두운 부분의 색상을 빼고 단순화시키며 나머지 부분은 흰색으로 표현합니다.

Hue
하위 레이어의 명도와 채도를 상위 레이어의 색상에 반영되
어 표현됩니다.

Saturation
하위 레이어의 색상과 명도를 상위 레이어의 채도에 반영되
어 표현됩니다.

Color
하위 레이어의 명도가 상위 레이어의 색상과 채도에 반영되
어 표현됩니다.

Luminosity
하위 레이어의 색상과 채도가 상위 레이어의 명도에 반영되
어 표현됩니다.

\ *MEMO* \

SNS

×

YOUTUBE

×

PHOTOSHOP

CHAPTER

/

01

주요 기능 살펴보기

—

02

예제를 통한 응용력 기르기

PART 02

알아놓으면 유용한 테두리 만들기

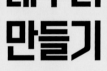

주요 기능 살펴보기

포토샵에서 '선택'은 가장 기본적인 작업 과정입니다. 이미지의 수정, 합성 등 대부분 작업은 선택 도구를 사용하여 진행합니다. 따라서 이번 장에서는 포토샵의 선택 도구와 테두리 디자인을 하는 데 필요한 주요 기능에 대해 살펴보겠습니다.

LESSON 01. Marquee Tools(선택 툴)/ 단축키: M

Rectangular Marquee Tool(사각형 선택 툴)의 기능

Rectangular Marquee Tool(사각형 선택 툴)은 직사각형이나 정사각형의 선택 영역을 지정할 때 사용합니다. 기본 사용 방법은 다음과 같습니다.

시작 지점을 클릭하고 드래그하면 사각형의 선택 영역이 만들어집니다.

[Alt]를 누른 채 시작 지점을 클릭하고 드래그하면 클릭한 지점을 중심으로 사방으로 선택 영역이 확장되며 선택 영역이 만들어집니다.

[Shift]를 누른 채 시작 지점을 클릭하고 드래그하면 정사각형의 선택 영역이 만들어집니다.

선택 영역이 있는 상태에서 [Shift] + [드래그]하면 기존에 지정해둔 선택 영역과 새로 지정한 선택 영역이 동시에 선택됩니다.

선택 영역이 있는 상태에서 [Alt] + [드래그]하면 기존에 선택해 둔 영역에서 선택 영역이 빠집니다.

[Shift]와 [Alt]를 누른 채 시작 지점을 클릭하고 드래그하면 서로 겹쳐진 부분만 선택 영역으로 남습니다.

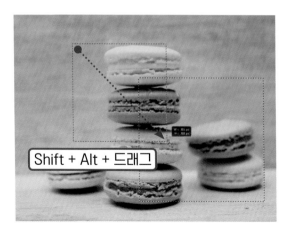

Rectangular Marquee Tool(사각형 선택 툴)의 옵션

❶ **병합 모드**: 선택 영역을 어떤 방식으로 병합할지 선택할 수 있습니다.

❷ **Feather**: Feather 값에 따라 선택 영역의 가장자리가 반투명하게 흐려지는 효과를 줍니다.

Feather 0   Feather 10   Feather 30

❸ **Anti-alias:** 비트맵 이미지의 특성상, 확대를 하면 계단 현상을 볼 수 있습니다. 이때 [Anti-alias]를 체크한 상태로 두면 계단 현상을 방지할 수 있습니다.

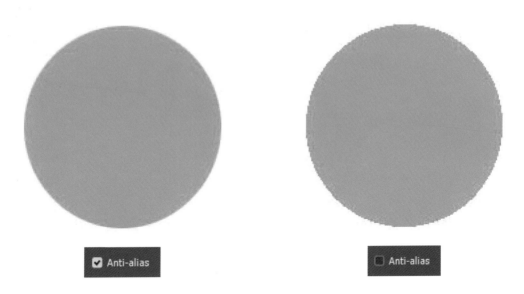

❹ **Style:** Normal은 자유롭게 선택 영역을 지정할 수 있습니다. Fixed Ratio는 비율값을 입력하고, Fixed Size는 크기값을 입력하여 선택 영역을 지정할 수 있습니다.

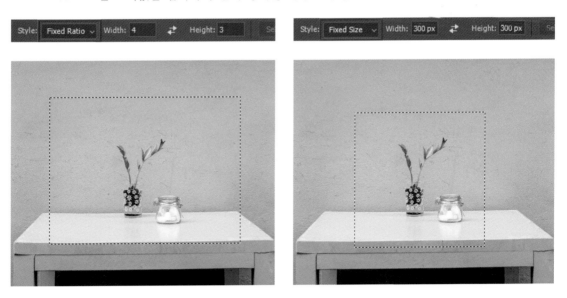

❺ **Select and Mask**: 필요한 영역을 선택하고 [Select and Mask] 버튼을 누르면 미리보기 작업 화면으로 전환되어 다음 그림과 같은 기능들을 통해 선택 영역을 디테일하게 보정할 수 있습니다.

Elliptical Marquee Tool(원형 선택 툴)의 기능

Elliptical Marquee Tool(원형 선택 툴)은 타원이나 정원 형태로 선택 영역을 지정할 때 사용합니다. 기본 사용 방법은 다음과 같습니다.

시작 지점을 클릭하고 [드래그]하면 원형의 선택 영역이 만들어집니다.

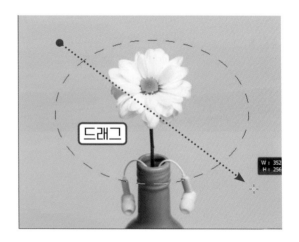

시작 지점을 클릭하고 [Alt] + [드래그]하면 클릭
한 지점을 중심으로 사방으로 원형의 선택 영역이
만들어집니다.

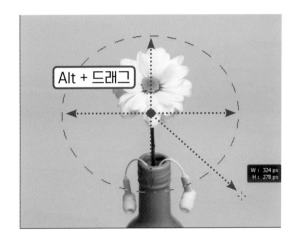

시작 지점을 클릭하고 [Shift] + [드래그]하면 정
원형의 선택 영역이 만들어집니다.

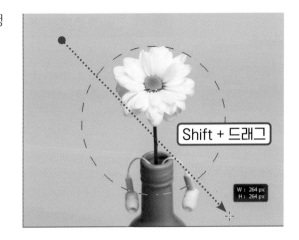

선택 영역이 지정된 상태에서 [Shift] + [드래그]
하면 기존의 선택 영역과 합쳐진 원형의 선택 영역
이 만들어집니다.

선택 영역이 지정된 상태에서 [Alt] + [드래그]하면 기존의 선택 영역에서 새로 드래그한 선택 영역이 제외됩니다.

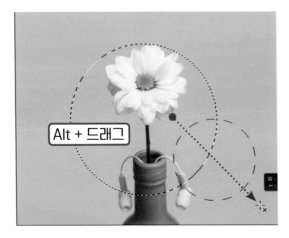 

선택 영역이 지정된 상태에서 [Shift] + [Alt] + [드래그]하면 기존의 선택 영역과 새로 드래그한 선택 영역의 겹쳐진 부분만 선택 영역으로 남습니다.

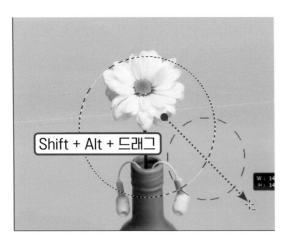 

Single Row/Column Marquee Tool(한 줄 가로/세로 선택 툴)

Single Row/Column Marquee Tool(한 줄 가로/세로 선택 툴)은 두께가 1 pixel인 가로 혹은 세로 줄을 선택 영역으로 지정할 때 사용됩니다. 한 번 클릭으로 1 pixel 두께의 선택 영역이 생성되고, [Shift] + [클릭]하면 기존 선택에 더하여 선택 영역이 추가됩니다. [Alt] + [클릭]하면 기존 선택에서 겹치는 부분이 제외됩니다.

Single Row Marquee Tool

Single Column Marquee Tool

[Shift]를 누른 채로 클릭하면 선택 영역이 추가되며, [Alt]를 누른 채로 클릭하면 선택 영역이 한 줄씩 사라집니다.

Lasso Tool(올가미 툴)

Lasso Tool (올가미 툴)은 드래그로 자유롭게 선택 영역을 지정할 수 있습니다. 원하는 모양을 한 번에 그리기 쉽지 않기 때문에 [Shift]를 사용해 추가 영역을 지정하는 방식으로 작업합니다.

선택 영역을 더할 때는 [Shift]를 눌러 마우스 포인터가 바뀌면 추가로 원하는 부분을 드래그하여 추가합니다.

선택 영역을 뺄 때는 [Alt]를 눌러 마우스 포인터가 바뀌면 원하는 부분을 드래그하여 제거합니다.

Polygon Lasso Tool(다각형 올가미 툴)

Polygon Lasso Tool(다각형 올가미 툴)은 클릭을 반복하여 선택 영역을 만듭니다. 클릭한 지점과 지점 사이가 직선으로 연결되고, 마지막 지점은 처음 시작한 점과 만나야 선택이 완료됩니다. 연결할 지점을 잘못 클릭한 경우 [Delete]를 눌러 연결점을 한 단계씩 되돌릴 수 있습니다.

선택 영역을 더할 때는 [Shift]를 눌러 마우스 포인터가 바뀌면 원하는 부분을 클릭하여 추가합니다.

선택 영역을 뺄 때는 [Alt]를 눌러 마우스 포인터가 바뀌면 원하는 부분을 클릭하여 제거합니다.

Magnetic Lasso Tool(자석 올가미 툴)

Magnetic Lasso Tool(자석 올가미 툴)은 이미지의 경계가 명확히 구분되는 경우에 사용합니다. 시작
점을 클릭한 후 이미지를 따라 마우스 포인터를 이동시키면 이미지의 경계면에 선택점들이 표시됩니다.
[Delete]을 눌러 선택 단계를 한 단계씩 되돌릴 수 있습니다.

선택 영역을 더할 때는 [Shift]를 눌러 마우스 포인터가 바뀌면 추가로 원하는 부분을 이동하여 추가합
니다.

선택 영역을 뺄 때는 [Alt]를 눌러 마우스 포인터가 바뀌면 추가로 원하는 부분을 이동하여 제거합니다.

Magnetic Lasso Tool(자석 올가미 툴)의 옵션

❶ **Width:** 이미지 경계의 감지 범위를 픽셀 단위로 설정하며, 1~256 사이의 값을 입력할 수 있습니다. 값이 작을수록 정교하게 선택합니다.

❷ **Contrast:** 이미지 경계의 명도 대비 값을 1~100% 사이의 값으로 설정할 수 있으며, 명도 및 색상 차이가 작을수록 낮은 값을 입력해야 정밀한 선택을 할 수 있습니다.

❸ **Frequency:** 이미지 선택에 사용되는 기준점의 간격값을 1~100 사이로 설정할 수 있으며, 값이 클수록 기준점의 간격이 좁아집니다.

❹ **Use table pressure to change open pen width:** 태블릿을 쓰는 경우에 펜의 필압 강도에 따라 선택 범위가 달라집니다.

LESSON 03. Quick Selection Tool(빠른 선택 툴)/ 단축키: W

Quick Selection Tool(빠른 선택 툴)

Quick Selection Tool은 선택 영역을 브러시로 색을 칠하듯 클릭하거나 드래그하여 지정합니다. 브러시의 크기로 선택 범위를 정해서 가장 비슷한 톤들을 선택 영역으로 만들 수 있습니다.

Quick Selection Tool로 원하는 영역을 선택하고 옵션 바에 있는 [Select and Mask]를 클릭하면 다음과 같은 옵션 창이 생성됩니다. 가장자리를 정리한 후 [OK]를 클릭하면 섬세한 부분까지 매끈하게 정리하여 선택할 수 있습니다.

 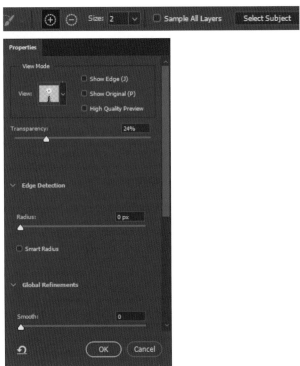

Select and Mask 옵션

Select and Mask 옵션 창에서 View Mode의 섬네일 옆에 있는 목록 펼침 버튼을 클릭하여 View Mode 를 변경하면 선택 영역을 정교하게 수정하는 데 도움이 됩니다.

Onion Skin
선택 영역의 투명도가 기본 반투명으로 지정되어 있으며, 투명도를 조절할 수 있습니다.

Marching Ants
원래 이미지에 선택 영역만 표시해줍니다. 선택 영역이 너무 작은 경우에는 표시되지 않을 수도 있습니다.

Overlay
선택 영역 이외의 부분을 붉은색으로 보여주며, 영역의 교차
부분은 대비를 강화하여 짙게 표시합니다.

On Black
선택 영역 이외의 부분을 검은색으로 보여주며, 선택할 부분
의 색이 밝은 경우에 사용합니다.

On White
선택 영역 이외의 부분을 흰색으로 보여주며, 선택할 부분의
색이 어두운 경우에 사용합니다.

Black & White
선택 영역은 흰색, 선택 영역 이외의 부분은 검은색으로 대조
하여 보여줍니다.

On Layer
선택 영역 이외의 부분을 투명하게 보여줍니다.

Magic Wand Tool(마술봉 툴)/단축키: W

Magic Wand Tool(마술봉 툴)

Magic Wand Tool(마술봉 툴)은 인접한 색상 영역을 클릭하면 자동으로 선택할 수 있는 툴로, 옵션 바의 Tolerance 값에 따라 선택 범위를 조절해줄 수 있습니다. Tolerance 값이 클수록 선택 범위가 넓어집니다. 또한, Contiguous 옵션의 체크 유무에 따라 이미지 전 영역에 걸친 선택인지, 클릭한 영역에 해당하는 선택인지를 정할 수 있습니다.

Contiguous를 체크한 상태에서는 클릭한 인접 영역만 선택되고 체크를 해제한 상태에서는 이미지 전영역에 걸쳐 Tolerance에 설정된 크기에 맞춰 선택됩니다. [Shift], [Alt], [Shift] + [Alt]등의 단축키를 사용할 수 있으며, 사용법은 다른 선택 툴과 동일합니다.

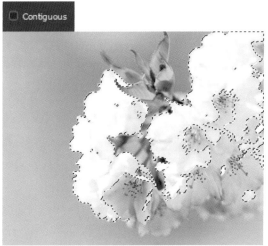

Quick Mask Mode

Quick Mask Mode의 기능

Quick Mask Mode는 원하는 영역을 브러시로 칠하여 Mask 영역을 지정해주는 기능입니다. Quick Mask Mode 아이콘을 선택한 후 브러시로 영역을 칠하고 일반 모드로 전환하면 선택 영역이 만들어집니다. 이때 브러시 크기를 조절할 수 있고, 브러시 옵션에 따라 이미지를 반투명으로 선택할 수도 있습니다.

원본 이미지   Quick Mask Mode   일반 모드

Quick Mask Mode 버튼을 더블클릭하면 다음과 같은 옵션 창이 생성됩니다. 여기서 브러시로 칠해진 부분이 선택 영역이 될지, 그 이외의 영역이 선택 영역이 될지 결정할 수 있습니다. 또한 브러시로 표시될 색상과 투명도를 조절할 수 있습니다.

 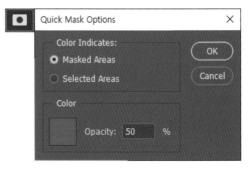

Mask 영역 이외의 부분을
선택 영역으로 지정할 때
Selected Areas를 체크

Mask 영역을 선택
영역으로 지정할 때
Masked Areas를 체크

LESSON 06. Clipping Mask(클리핑 마스크)

[Clipping Mask]는 하위 레이어를 기준으로 상위 레이어가 하위 레이어의 형태만큼 Mask가 적용되어 보이는 기능입니다. [Clipping Mask]를 적용하려면 ❶ 레이어를 선택한 후 마우스 오른쪽 클릭하여 [Create Clipping Mask]를 선택하거나, ❷ [Ctrl] + [Alt] + [G]를 누르면 됩니다. 또한, ❸ 해당 레이어를 [Alt] + [클릭]하여도 적용할 수 있습니다.

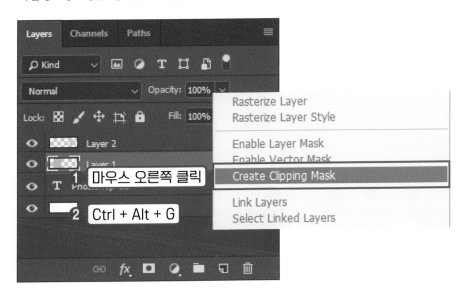

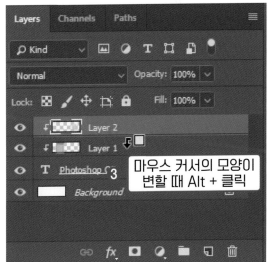

Shape Tool(셰이프 툴) / 단축키: U

Shape Tool의 종류

[Shape Tool]은 벡터 형식의 도형을 만들 때 사용합니다. [Shape Tool]의 종류는 그 모양에 따라 Rectangle Tool(사각형 툴), Rounded Rectangle Tool(둥근 사각 툴), Ellipse Tool(원형 툴), Polygon Tool(다각형 툴), Line Tool(선 툴), Custom Shape Tool(사용자 정의 툴)이 있습니다. Pen Tool을 이용하여 점을 추가하거나 삭제하는 방법으로 위의 Shape들을 수정하거나, 직접 오브젝트를 패스로 만들어 Custom Shape Tool에 등록하여 사용할 수도 있습니다.

Shape Tool의 옵션 바

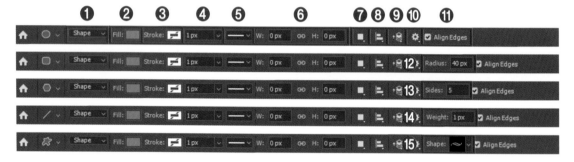

❶ **Pick Tool Mode**: 패스 형태를 Shape, Path, Pixels 중 하나로 선택할 수 있습니다.

❷ **Fill**: Shape에 칠할 방식(No color, Solid color, Gradient, Pattern)을 선택합니다.

❸ **Stroke**: 외곽선에 칠할 방식(No color, Solid color, Gradient, Pattern)을 선택합니다.

❹ **Shape Stroke Width**: 테두리 선의 두께를 수치 바(Bar)로 조절하거나 값을 입력하여 조절합니다.

❺ **Shape Stroke Option**: 테두리 선의 모양을 선택할 수 있습니다.

❻ **W / H**: 가로 및 세로 길이를 값을 입력하고 설정할 수 있고, W와 H 사이의 링크 아이콘을 눌러 활성화하면 한쪽만 값을 입력해도 W와 H가 동일한 비율로 값이 자동 입력됩니다.

❼ **Path Operations**: 오브젝트를 결합할 형태를 조절할 때 사용합니다.

❽ **Path Alignment**: 오브젝트의 위치를 정렬할 때 사용합니다.

❾ **Path Arrangement**: 오브젝트의 순서를 정렬할 때 사용합니다.

❿ **Shape 설정**
  • **Unconstrained**: 자유롭게 드래그하여 선택한 Shape를 생성합니다.
  • **Square**: 가로와 세로를 같은 비율로 하여 Shape를 생성합니다.
  • **Fixed Size**: 가로와 세로를 입력한 값으로 Shape를 생성합니다.
  • **Proportional**: 가로와 세로의 비율을 입력한 값으로 Shape를 생성합니다.
  • **From Center**: 처음 클릭한 지점을 중점으로 설정하여 Shape를 생성합니다.

⓫ **Align Edges**: Shape의 가장자리를 픽셀 그리드(Pixel Grid)[1]에 맞춰줍니다.

⓬ **Radius**: 곡면이 들어가는 Shape에서 곡면의 지름 크기를 조절해줍니다.

> 1. 픽셀 그리드는 캔버스 상에 표시되는 라인입니다.

❸ Sides: Polygon의 꼭지점 개수를 조절합니다.

❹ Weight: Shape의 두께를 입력한 값으로 조절합니다.

❺ Shape: 여러 모양의 Shape를 사용자가 고르거나 등록할 수 있습니다.

옵션 바 자세히 살펴보기

Shape: 생성한 Shape의 안쪽 면과 외곽 라인에 색상을 채울 수 있으며, 외곽 라인은 Pen Tool로 점을 추가하거나 삭제하여 모양을 수정할 수 있습니다.

Shape를 생성하려면, 일반적으로 원하는 Shape의 모양을 선택하고 클릭한 후 드래그합니다.

Path: Shape와 달리 레이어를 생성하거나 색을 채우지 않고, Paths 패널에서 Work Path로 생성됩니다. Make Selection을 클릭하거나 [Ctrl] + [Enter]를 눌러 선택 영역을 만들 수 있습니다.

Pixels: Shape처럼 새로운 레이어를 Vector 방식으로 생성하지 않고, 기존에 선택했던 레이어에서 Pixel 방식의 이미지로 생성됩니다. 따라서 Shape나 Path처럼 Vector 방식의 점을 이용한 수정을 할 수 없습니다.

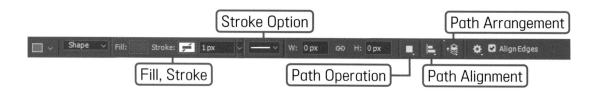

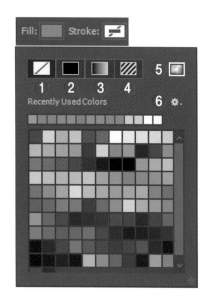

Fill, Stroke

❶ **No Color**: Shape에 색을 채우지 않습니다.

❷ **Solid Color**: Shape를 단색으로 채웁니다.

❸ **Gradient**: Shape을 Gradient로 채웁니다.

❹ **Pattern**: Shape에 Pattern을 채웁니다.

❺ **Color Picker**: 원하는 색을 선택할 수 있습니다.

❻ **설정 버튼**: 패널의 설정을 변경할 수 있습니다.

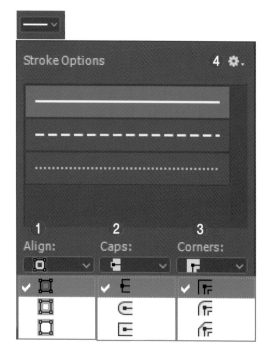

Stroke Option

Shape의 선 모양을 선택하고 선이 그려질 위치, 선 끝단의 모양 등을 조절합니다.

❶ **Align**: Stroke를 Shape의 바깥에 할지, 중간에 할지, 안쪽에 할지를 선택합니다.

❷ **Caps**: Shape의 끝부분에 들어갈 Stroke의 처리를 어떻게 할지 결정합니다.

❸ **Corners**: Shape의 코너 부분에 들어갈 Stroke의 처리를 어떻게 할지 결정합니다.

❹ **More Options…**: 그 외에 좀 더 정밀한 설정이 필요할 때 사용합니다.

Path Operation

Shape에 다른 Shape을 추가로 그릴 때 사용하는 옵션입니다.

❶ **New Layer**: 새로운 레이어에 새로운 Shape을 그립니다.

❷ **Combine Shape**: 기존 Shape에 새로운 Shape을 그릴 때 융합되도록 그립니다.

❸ **Subtract Front Shape**: 기존 Shape에서 새로운 Shape을 겹쳐서 그릴 때 겹친 부분이 가려집니다.

❹ **Intersect Shape Areas**: 기존 Shape에 새로운 Shape을 겹쳐서 그릴 때 겹친 부분만 남고 나머지는 가려집니다.

❺ **Exclude Overlapping Shapes**: 기존 Shape에 새로운 Shape을 겹쳐서 그릴 때 겹치지 않은 부분만 남고 나머지는 가려집니다.

❻ **Merge Shape Components**: 각각 따로 그려진 Shape들을 한 덩어리로 묶어줍니다.

❶ □ New Layer
❷ Combine Shapes
❸ Subtract Front Shape
❹ Intersect Shape Areas
❺ Exclude Overlapping Shapes
❻ Merge Shape Components

Path Alignment

동일한 레이어에 속한 Shape를 정렬해주는 기능으로 구성되어 있습니다. Align To 항목의 Canvas 항목을 체크해두면 캔버스 사이즈를 기준으로 도형을 정렬하게 됩니다. 다만, 여러 Shape 레이어를 대상으로 정렬하지는 못합니다.

Path Arrangement

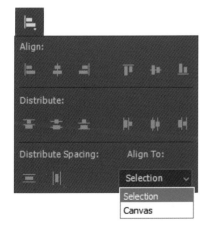

동일한 레이어 내의 Shape에 Path Operation을 적용할 때 각 Shape의 우선 순위를 정해줍니다. Shape의 위치가 위로 올라갈수록 우선 순위가 높아집니다.

LESSON 08. Frame Action 활용하기

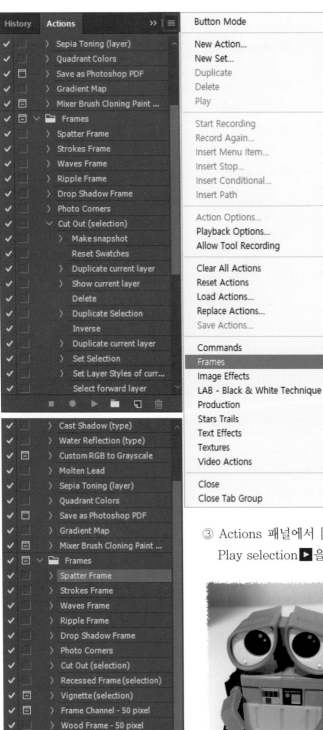

예제를 통한 응용력 기르기를 시작하기에 앞서 포토샵의 Action에 포함되어 간편하게 테두리를 만들수 있는 Frame Action을 살펴보겠습니다. Frame Action의 사용법은 다음과 같습니다.

① [Ctrl] + [O]로 wall−E.jpg 파일을 불러옵니다.

② [Window] − [Actions]패널에서확장 아이콘을 클릭하여 [Frames] 메뉴를 불러옵니다.

③ Actions 패널에서 [Frames] − [Spatter Frame]을 선택하고 Play selection▶을 클릭하여 적용합니다.

프레임 예시 이미지

CHAPTER 02

예제를 통한 응용력 기르기

LESSON 01. 사각형 반투명 테두리 만들기

이번 예제는 Rectangular Marquee Tool과 Stroke 기능을 통해 가장 기본적인 방법을 사용하여 테두리를 만들어보겠습니다.

*주 사용 기능: Rectangular Marquee Tool, Stroke, Gradient Tool
*예제 파일: Part2_ch2_lesson01_a.jpg
*완성 파일: Part2_ch2_lesson01_완성.PSD
*활용도: ★★★★★
*난이도: ★

[완성 이미지]

01. 새 작업 파일 만들기

❶ 메뉴에서 [File] – [Open]을 클릭하거나 단축키 [Ctrl] + [O]를 눌러 Part2_ch2_lesson01_a.jpg 파일을 불러옵니다.

❷ [Ctrl] + [A]를 눌러 이미지 전체를 선택합니다.

❸ [Create a new Layer]🔲로 새 레이어를 만듭니다.

02. 테두리 만들기

❶ Layer 1을 선택한 상태로, [Edit] – [Stroke]를 실행합니다.

❷ Stroke 창의 Width 값을 60px로 설정합니다.

❸ 색상값을 (#ff5ec1)로 설정하고 [OK]를 누릅니다.

❹ [Ctrl] + [D]로 선택을 해제합니다.

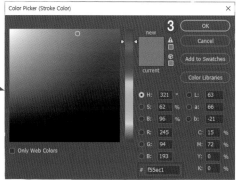

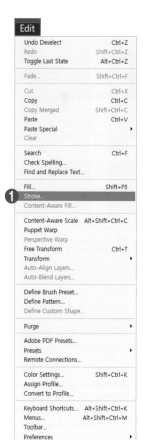

❺ Layer 1에 [Lock Transparent Pixels]를 적용하여 채색된 부분만 수정할 수 있도록 보호합니다.

❻ 좌측 툴 바에서 [Gradient Tool]을 클릭합니다.
❼ 상단 옵션 바에서 [Linear Gradient]로 그라데이션 모양을 지정해줍니다.
❽ 옵션 바의 [Click to edit the Gradient]를 클릭하여 [Gradient Editor]창을 엽니다.
❾ Presets에서 [검은색-흰색]의 Gradient를 선택합니다.
❿ 흰색의 Opacity 값을 0%로 조절해줍니다.
⓫ [OK]를 눌러 창을 닫습니다.

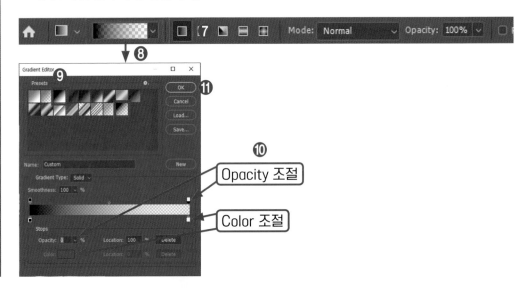

⓬ 그림의 화살표 방향으로 드래그를 합니다.

⑬ Layer 1의 Opacity 값을 50%로 바꾸어줍니다.

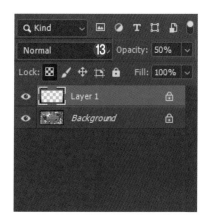 

03. Layer Style 적용하기

Layer 1에 Layer Style 중 Stroke와 Outer Glow를 적용해보겠습니다.

❶ Layer 1을 선택한 후 Layers 패널 하단의 [fx] 버튼을 클릭하여 Stroke를 선택합니다.

❷ Stroke와 Outer Glow를 적용해보겠습니다.

> **TIP. Layer Style 창을 실행하는 다양한 방법**
> 1. 레이어 패널 하단의 [fx] 버튼을 눌러 [Blending Options…] 및 하위의 명령어들을 선택하는 방법
> 2. 선택한 레이어의 빈 공간을 더블 클릭하는 방법
> 3. 선택한 레이어의 빈 공간을 마우스 오른쪽 클릭하여 [Blending Options…]를 선택하는 방법

❸ Layer Style의 Stroke 값은 다음과 같습니다.

Stroke
Structure
- Size: 20px
- Position: Outside
- Blend Mode: Normal
- Opacity: 100%
Fill Type: color
- Color: #ffffff

❹ Layer Style의 Outer Glow 값은 다음과 같습니다.

Outer Glow
Structure
- Blend Mode: Mutiply
- Opacity: 80%
- Noise: 0%
Elements
- Technique: Softer
- Spread: 0%
- Size: 100px

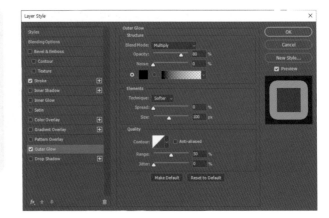

❺ 다음과 같이 반투명 테두리가 완성되었습니다.

LESSON 02. 모서리가 둥근 테두리 만들기

이번 예제에서는 Elliptical Marquee Tool과 Clipping Mask 기능, Modify의 Feather 기능 등을 사용하여 테두리를 만들어보겠습니다. Elliptical Marquee Tool로 지정한 영역을 Mask 영역으로 사용하여 다음과 같은 느낌의 테두리를 제작할 수 있습니다. 또한 Clipping Mask 기능과 Modify의 선택 영역 관련 기능은 포토샵 작업에서 매우 유용하며 빈번하게 사용되는 기능입니다.

*주 사용 기능: Elliptical Marquee Tool, Feather, Clipping Mask
*예제 파일: Part2_ch2_lesson02_a.jpg
*완성 파일: Part2_ch2_lesson02_완성.PSD
*활용도: ★★★★★
*난이도: ★

[완성 이미지]

01. 새 작업 파일 만들기

❶ 메뉴에서 [File] – [Open]을 클릭하거나 단축키 [Ctrl] + [O]를 눌러 Part2_ch2_lesson02_a.jpg 파일을 불러옵니다.

❷ Background Layer를 두 번 클릭하거나 오른쪽 끝의 자물쇠 아이콘을 클릭하여 이미지를 수정할 수 있는 레이어로 바꾸어줍니다.

 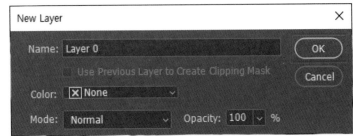

❸ [Create a new layer]를 눌러 Layer 1을 만들고 Layer 0 아래로 끌어내립니다.

 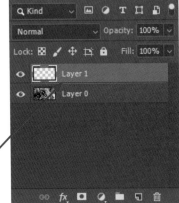 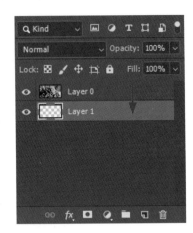

02. Clipping Mask 영역 만들기

❶ 좌측 툴 바에서 [Rounded Rectangle Tool]을 선택합니다.

❷ 옵션 바에서 Width 900px, Height 500px, Radius 80px을 입력한 후, Rounded Rectangle이 생성될 시작점인 좌측 상단을 클릭하여 Rounded Rectangle 1 레이어를 만듭니다.

❸ [Fill]과 [Stroke]에서 Solid Color를 선택해줍니다.

❹ [Stroke]는 10px, Stroke의 Solid Color의 색상값은 (#00a8ff)로 설정해줍니다.

❺ Color Picker 패널을 [OK]를 눌러 닫아줍니다.

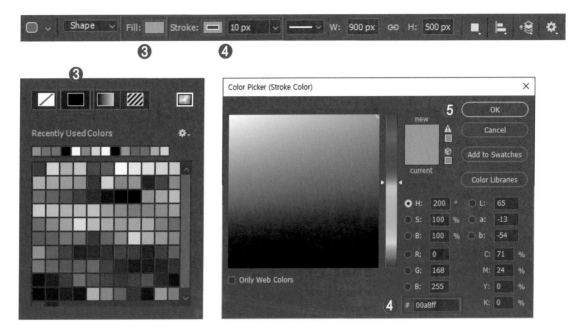

❻ 기본 전경색/배경색 버튼을 눌러 색상을 리셋합니다.

❼ Layer 1을 클릭하고, [Ctrl] + [Backspace]를 눌러 배경색을 채워줍니다.

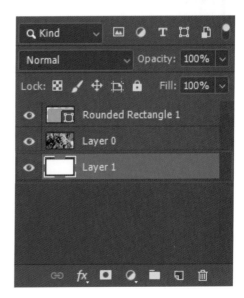

❽ Layer 0을 Rounded Rectangle 1 레이어의 위로 드래그하여 올립니다.

 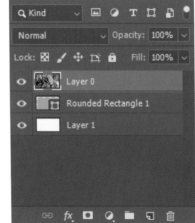

❾ [Alt] + [Layer 0 클릭]으로 Layer 0에 Clipping Mask를 적용합니다.

03. 효과 주기

❶ Layer 2를 추가합니다.

❷ [Ctrl]을 누른 채로 Rounded Rectangle 1 레이어를 클릭하
여 선택 영역을 만듭니다.

❸ [Select] – [Modify] – [Feather]에서 Feather 값을 50pixels로 입력합니다.

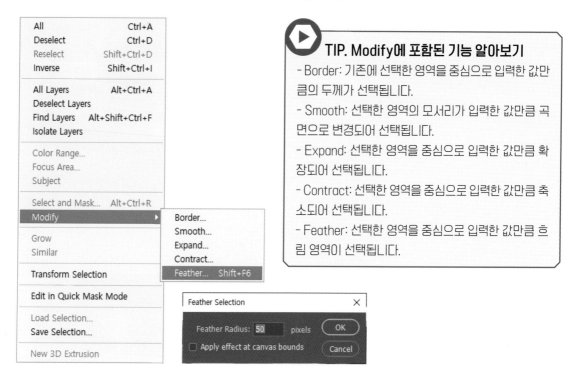

▶ **TIP. Modify에 포함된 기능 알아보기**
- Border: 기존에 선택한 영역을 중심으로 입력한 값만큼의 두께가 선택됩니다.
- Smooth: 선택한 영역의 모서리가 입력한 값만큼 곡면으로 변경되어 선택됩니다.
- Expand: 선택한 영역을 중심으로 입력한 값만큼 확장되어 선택됩니다.
- Contract: 선택한 영역을 중심으로 입력한 값만큼 축소되어 선택됩니다.
- Feather: 선택한 영역을 중심으로 입력한 값만큼 흐림 영역이 선택됩니다.

❹ [Edit] – [Stroke]에서 Width 값은 10px, 색상값은 (#00a8ff)로 설정해준 후 [OK] 버튼을 눌러줍니다.

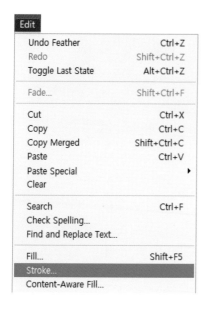

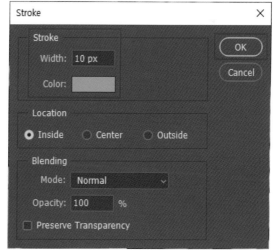

❺ Layer 2를 [Alt] + [클릭]하여 Rounded Rectangle 1에
Clipping Mask를 적용해줍니다.

❻ 다음과 같이 모서리가 둥근 테두리가 완성되었습니다.

LESSON 03. 물감 번짐 효과 테두리 만들기

이번 예제에서는 새로운 Brush를 불러와서 적용하고 사용하는 방법과 함께 Clipping Mask를 사용하여 물감 번짐 효과가 나는 테두리를 만들어보도록 하겠습니다.

*주 사용 기능: Clipping Mask, Brush Tool
*예제 파일: Part2_ch2_lesson03_a.jpg
*완성 파일: Part2_ch2_lesson03_완성.PSD
*활용도: ★★★★
*난이도: ★★

[완성 이미지]

01. 새 작업 파일 생성하기

❶ [File] − [New] 혹은 [Ctrl] + [N]을 눌러 새 작업 창을 엽니다. 그리고 가로 800px, 세로 600px 의 새로운 파일을 생성합니다.

❷ [Create a new layer]를 클릭하여 Layer 1을 생성합니다.

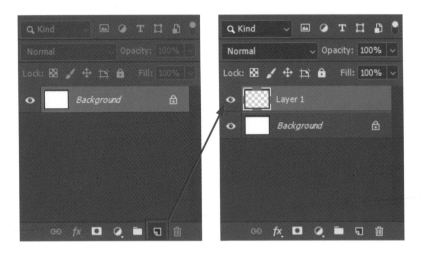

❸ 기본 전경색/배경색 버튼을 눌러 기본색으로 리셋해줍니다.

02. 선택 영역 만들기

❶ 좌측 툴 바에서 [Rectangular Marquee Tool]을 선택합니다. 이때 Feather 값은 0px로 지정해 줍니다.

❷ Layer 1을 선택하고 다음 그림과 같이 화살표 방향으로 드래그하여 선택 영역을 지정해줍니다.

❸ [Alt] + [Backspace]를 눌러 선택 영역에 배경색을 채워줍니다.

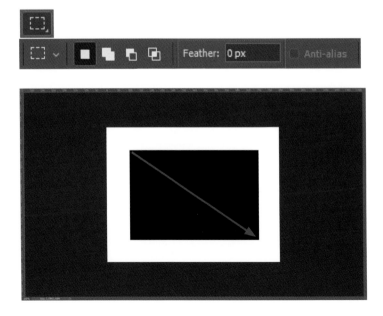

03. 브러시 지정하기

❶ 좌측 툴 바에서 [Brush Tool]을 클릭하고, 상단 옵션 바에서 Brush Settings 아이콘을 누릅니다.

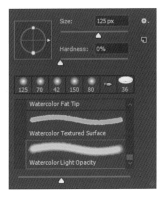

❷ Brush Settings 패널의 확장 버튼을 눌러 [Import Brushes…]를 클릭하고 [Wet Media Brushes.abr]을 불러옵니다.

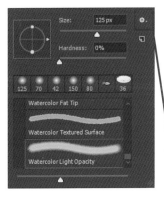
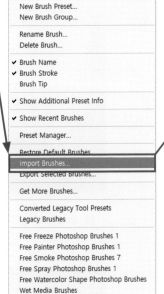
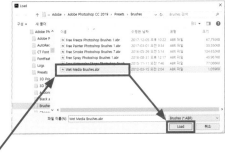

❸ [Wet Media Brushes.abr] 폴더 안의 [Watercolor Light Opacity]를 선택하고, 브러시 사이즈를 80px로 조절해줍니다.

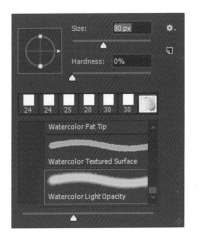

04. 테두리 그리기

❶ Layer 1의 검은색 사각형 주변을 브러시로 여러 번 [Shift] + [드래그]하여 테두리를 그려줍니다.

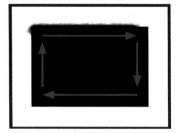

❷ [File] – [Open]을 클릭하거나 [Ctrl] + [O]를 눌러 Part2_ch2_lesson03_b.jpg 파일을 불러옵니다.

❸ Part2_ch2_lesson03_b.jpg 파일을 [Ctrl] + [A]를 눌러 전체 선택을 한 후, [Ctrl] + [C]로 복사합니다.

❹ 기존 작업 창으로 돌아온 후 [Ctrl] + [V]를 눌러 이미지를 붙여 넣습니다.

❺ Layer 2를 [Alt] + [클릭]하여 Layer 1에 Clipping Mask를 적용해줍니다.

❻ 다음과 같이 sea_01.jpg 이미지가 Clipping Mask에 적용되어 완성됩니다.

LESSON 04. 필름 모양 테두리 만들기

이번 예제에서는 Custom Shape Tool과 Clipping Mask 기능을 이용하여 테두리를 만들어보겠습니다. 포토샵에서 이미지를 만들 때, Custom Shape Tool이 기본적으로 제공하는 다양한 Shape들은 간편하게 사용할 수 있으므로 알아두면 유용한 기능입니다.

*주 사용 기능: Custom Shape Tool, Clipping Mask
*예제 파일: Part2_ch2_lesson04_a.jpg
*완성 파일: Part2_ch2_lesson04_완성.PSD
*활용도: ★★★★
*난이도: ★★

[완성 이미지]

01. 새 작업 파일 만들기

[File] – [New]를 클릭하거나 [Ctrl] + [N]을 눌러 새 작업 창을 엽니다. 그리고 가로 800px, 세로 600px, Resolution 72, Background Contents White로 설정한 후, [Create]를 눌러 새로운 파일을 생성합니다.

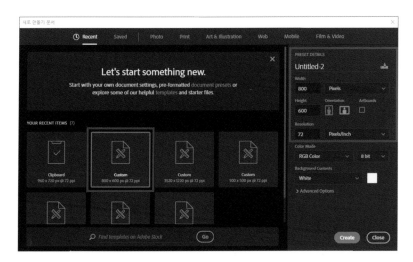

02. Custom Shape Tool로 테두리 만들기

❶ 전경색을 (#352c2c)로 설정하고 툴 바에서 [Custom Shape Tool]을 선택합니다.

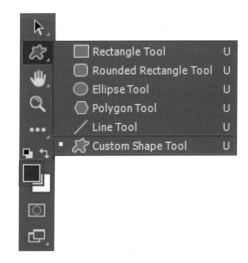

❷ 옵션 바에서 [Shape]를 선택하고 Fill은 Solid Color, Stroke는 None으로 설정한 후, 설정 아이콘을 클릭하여 35mm Film 1를 선택합니다.

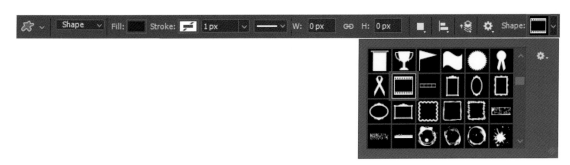

❸ 작업 창에 대각선으로 드래그하여 Shape을 만들고, 옵션 바에서 Width는 700px, Height는 500px로 입력하여 크기를 조절합니다.

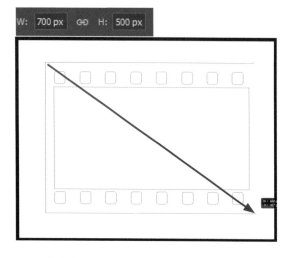

❹ 레이어 패널에서 [Create a new layer] 버튼을 눌러 Shape 1 아래에 Layer 1을 추가로 생성합니다.

TIP

Create a new layer 버튼을 클릭하면 선택된 레이어의 상단에 새 레이어가 생성되며, [Ctrl]을 누른 상태로 클릭하면 선택된 레이어의 하단에 새 레이어가 생성됩니다.

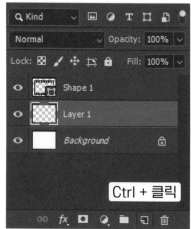

❺ [Rectangle Tool]을 선택하고 필름 영역 안에 꽉 차도록 드래그하여 사각형을 그려줍니다.

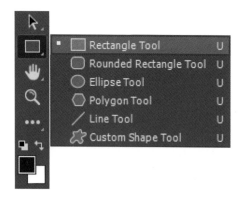
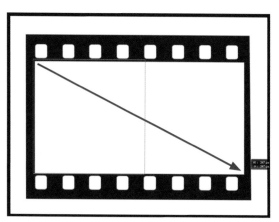

❻ 옵션 바에서 Fill의 Solid Color를 적당한 색으로 선택하고 Stroke를 None으로 설정합니다.

 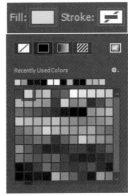 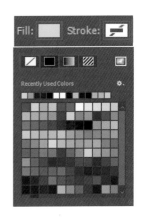

03. Clipping Mask로 테두리 안에 이미지 넣기

❶ [File] – [Open]을 선택하거나 [Ctrl] + [O]를 눌러 Part2_ch2_lesson04_a.jpg 파일을 불러옵니다.

❷ 불러온 파일에서 [Ctrl] + [A]를 눌러 전체 선택을 하고, [Ctrl] + [C]를 눌러 이미지를 복사합니다.

❸ 필름 테두리 작업 창으로 돌아온 후 [Ctrl] + [V]를 누릅니다. 복사한 이미지를 필름 테두리 작업 창에 붙여 넣으면, Layer 1이 생성됩니다.

❹ [Ctrl] + [T]를 눌러 Layer 1의 이미지 사이즈를 필름 테두리의 모양에 맞게 조절해줍니다.

 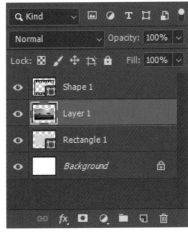

❺ Layer 1을 [Alt] + [클릭]하여 Rectangle 1에 Clipping Mask를 적용해줍니다.

 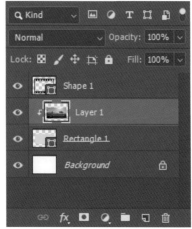

04. Layer Style로 효과 주기

❶ Layer 1의 빈 공간을 더블클릭하여 Layer Style 창을 열고, [Inner Glow] 효과를 적용합니다.

 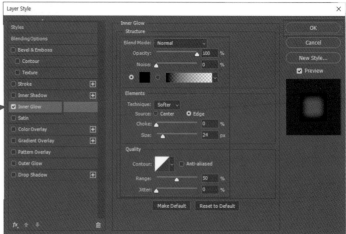

Inner Glow
- Structure
  - Blend Mode: Normal
  - Opacity: 100%
  - Noise: 0%
- Elements
  - Technique: Softer
  - Choke: 0%
  - Size: 24px
- Quality
  - Range: 50%
  - Jitter: 0%

❷ 다음과 같이 필름 테두리가 완성되었습니다.

망점 테두리 만들기

이번 예제는 Quick Mask Mode와 Color Halftone, Filter의 Blur 기능을 이용하여 망점 모양의 테두리를 만들어보겠습니다. Quick Mask Mode 기능을 제대로 이해하고 사용하게 된다면 보다 다양한 방식으로 응용이 가능한 예제가 될 것입니다.

*주 사용 기능: Quick Mask Mode, Color Halftone, Radial Blur
*예제 파일: Part2_ch2_lesson05_a.jpg
*완성 파일: Part2_ch2_lesson05_완성.PSD
*활용도: ★★★★
*난이도: ★★★

[완성 이미지]

01. 새 작업 파일 만들기

❶ [File] – [Open]을 선택하거나 [Ctrl] + [O]를 눌러, Part2_ch2_lesson05_a.jpg 파일을 불러옵니다.

❷ 전경색을 검은색(#000000), 배경색을 흰색(#ffffff)으로 설정합니다.

02. Quick Mask Mode로 선택 영역 지정하기

❶ 툴 바에서 [Rectangular Marquee Tool]을 선택하고, 옵션 바에서 Feather 값을 0px로 설정합니다.

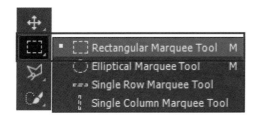

❷ 옵션 바의 Style을 Fixed Size로 설정하고 Width는 760px, Height는 400px를 입력합니다. 그 후, 드래그로 그릴 때의 시작점을 클릭하면 원하는 위치에 설정된 사이즈의 선택 영역이 생성됩니다.

❸ [Shift] + [Ctrl] + [I]를 누르거나 [Select] – [Inverse] 메뉴를 눌러 선택 영역을 반전시킵니다.

❹ [Quick Mask Mode] 버튼을 눌러 선택 영역을 제외한 부분을 보호 영역으로 설정합니다.

03. 망점 효과 만들기

❶ [Filter] – [Pixelate] – [Color Halftone] 메뉴를 선택하여, Max.Radius의 값을 40Pixels로 설정하고 [OK]를 누릅니다.

❷ [Filter] 메뉴를 눌러보면, 가장 최근 실행한 [Color Halftone]을 확인할 수 있는데, 한 번 더 눌러서 효과를 중복 적용시켜줍니다.

 TIP

[Filter] 메뉴의 첫 번째 항목은 직전에 쓴 기능을 중복하여 사용할 수 있도록 하는 기능입니다.

❸ [Quick Mask Mode]를 해제합니다.

❹ [Create a new layer]를 클릭하여 Layer 1을 생성합니다.

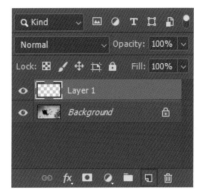

❺ [Ctrl] + [Backspace]를 눌러, Layer 1에 배경색(#ffffff)을 입혀줍니다.

❻ [Filter] – [Blur] – [Radial Blur]를 실행하여 Amount 값을 10으로 설정하고 [OK]를 누릅니다.

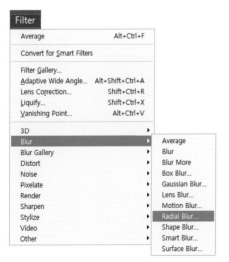
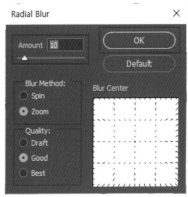

❼ 다음과 같이 망점 테두리가 완성되었습니다.

\ *MEMO* \

SNS

×

YOUTUBE

×

PHOTOSHOP

CHAPTER
/
01
주요 기능 살펴보기
—
02
예제를 통한 응용력 기르기

PART 03

SNS
사진
보정하기

주요 기능 살펴보기

여러분은 스마트폰이나 디지털 카메라를 이용하여 사진을 찍은 후 페이스북이나 인스타그램 등의 미디어에 업로드하기 할 때 손쉬운 방법으로 카메라 앱을 사용하거나 보정 전용 앱을 흔히 사용할 것입니다. 하지만 포토샵을 이용하면 더욱 드라마틱한 연출이 가능하며 여러분이 원하는 컨셉대로 수정하거나 보완할 수 있습니다. 그리고 더 나아가 판타지 영화의 한 장면과 같은 사진을 만들 수도 있습니다. 이번 장에서는 이러한 사진 보정을 위해 알아야 하는 기본 기능을 예제를 통해 익혀보도록 하겠습니다.

LESSON 01. [Image]-[Adjustments] 메뉴의 기능 살펴보기

상단 메뉴에서 Image는 말 그대로 이미지와 관련된 편집 기능들을 모아 놓은 곳입니다. 그중에서 이미지의 톤을 보정하는 기능들이 모여있는 Adjustments에 대해 알아보도록 하겠습니다.

Brightness / Contrast

Brightness/Contrast는 쉽고 빠르게 이미지 전체의 보정을 위해서는 매우 유용한 기능입니다. [Image] – [Adjustments] – [Brightness/Contrast]를 선택하면 밝기와 대비를 조절할 수 있는 옵션 창이 나타납니다.

❶ **Brightness(명도)**: 사진의 전체적인 명도값을 조정하며 가운데 슬라이더를 드래그하거나 숫자를 입력하여 조절합니다. 슬라이더가 오른쪽으로 갈수록 밝아집니다.

❷ **Contrast(대비)**: 사진의 전체적인 대비를 조정하며 슬라이더가 오른쪽으로 갈수록 대비가 강해집니다.

❸ **Auto(자동 보정)**: 사진의 상태에 따라 Brightness와 Contrast를 자동으로 보정합니다.

원본

Brightness: 40 / Contrast: 50

Auto 보정

Levels

Levels는 이미지를 보정할 때 가장 활용도가 높은 기능 중에 하나입니다. 밝은 톤, 중간 톤, 어두운 톤을 조정하여 쉽고 간단하게 이미지의 명도를 보정합니다. 상단 메뉴에서 [Image] – [Adjustments] – [Levels]를 선택하면 그림과 같이 옵션 창이 나타납니다. 단축키는 [Ctrl] + [L]입니다.

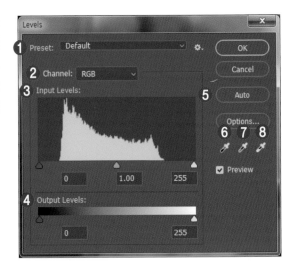

❶ **Preset(사전 설정)**: 사전에 저장해두었던 기본값을 적용합니다.

❷ **Channel(채널)**: 채널에 따라 각각 다른 레벨값을 적용할 수 있습니다.

❸ **Input Levels(입력 레벨)**: 밝은 톤, 중간 톤, 어두운 톤의 세 개의 슬라이더를 드래그하는 방식으로 톤을 조정합니다.

❹ **Output Levels(출력 레벨)**: 두 개의 슬라이더로 가장 밝은 톤과 가장 어두운 톤을 변경하는 방법으로 전체적인 이미지의 명도를 조정합니다.

❺ **Auto(자동 조절)**: 명도를 자동으로 조절합니다.

❻ **Set Black Point(검은 점 설정)**: 이미지에서 클릭한 부분을 기준으로 어두운 곳은 모두 검은색이 됩니다.

❼ **Set Gray Point(회색 점 설정)**: 이미지에서 클릭한 부분을 전체 이미지의 중간 명도값으로 만듭니다.

❽ **Set White Point(흰색 점 설정)**: 이미지에서 클릭한 부분을 기준으로 밝은 곳은 모두 흰색이 됩니다.

원본

Levels 보정

Curves

Curves는 말 그대로 곡선 그래프를 조정하여 명도와 채도를 변화시켜 이미지를 보정하는 기능입니다. 상단 메뉴에서 [Image] – [Adjustments] – [Curves]를 선택하면 다음 그림과 같이 옵션 창이 나타납니다. 단축키는 [Ctrl] + [M]입니다.

❶ Preset(사전 설정): 사전에 저장해 두었던 기본값을 적용합니다.

❷ Channel(채널): 색상 채널을 선택할 수 있습니다.

❸ 곡선 펜슬: 곡선으로 커브를 조절합니다. 연필툴(✏)을 사용하면 그래프 위에 곡선을 그려 명도와 채도를 조정할 수 있습니다.

❹ Output(출력): 곡선의 출력값을 나타냅니다.

❺ Input(입력): 곡선의 입력값을 나타냅니다.

원본

Curves 보정

Exposure

Exposure는 사진의 노출을 기준으로 이미지를 보정하는 기능입니다. 사진을 찍을 때 노출이 부족해서 어둡게 나오거나 반대로 너무 밝게 나온 경우 [Exposure]로 보정할 수 있습니다. 상단 메뉴에서 [Image]-[Adjustments]-[Exposure]를 선택하면 다음 그림과 같이 조절창이 나타납니다.

❶ **Exposure(노출)**: 빛의 양을 조정하는 개념으로 사진을 보정합니다. -일 경우 노출을 줄여 더 어둡게 보정하고 +의 경우 노출을 늘려 더 밝게 보정합니다.

❷ **Offset(오프셋)**: 대비를 강하게 혹은 약하게 조정할 수 있습니다.

❸ **Gamma Correction(감마 교정)**: 빛의 밝기 변화에 대한 보정으로 대비를 조정할 수 있습니다.

원본

Exposure +1.8

Exposure, Offset, Gamma Correction 수치를 조정해 밤 이미지로 보정

Hue/Saturation

Hue/Saturation은 포토샵에서 색상을 보정할 때 가장 쉽고 간단하게 색상과 채도, 명도를 한꺼번에 조정할 수 있어 사용 빈도가 매우 높은 기능입니다. 상단 메뉴에서 [Image] – [Adjustments] – [Hue/Saturation]을 선택하면 그림과 같이 옵션 창이 나타납니다. 단축키는 [Ctrl] + [U]입니다.

❶ Master(색상 균형): 색상을 조정할 채널을 선택할 수 있습니다.

❷ Hue(색조): 슬라이더를 이동하면서 색조 변경을 합니다.

❸ Saturation(채도): 채도값을 조정합니다. 가장 오른쪽으로 슬라이더를 이동하면 –100의 값이 되며 흑백 이미지를 의미합니다.

❹ Lightness(밝기):전체 이미지의 밝기를 조정합니다.

❺ 스포이트: Master 이외의 채널을 선택한 경우에만 활성화되며, 이미지의 한 부분을 선택하여 부분적으로 색상 변경을 할 수 있습니다.

❻ Colorize(색상화): 체크하면 이미지를 단색으로 색상화할 수 있습니다.

원본

Hue: -180 / Saturation: -61

Colorize / Hue: +29 / Saturation: 18

▶ **TIP**

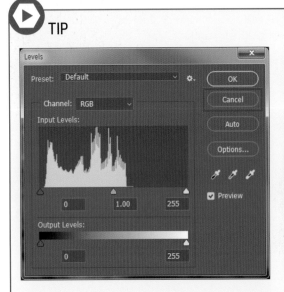
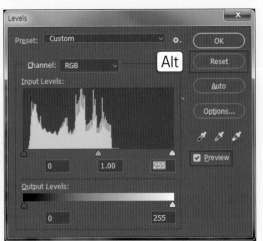

Levels나 Curves, Hue/Saturation과 같은 기능들은 새로운 옵션 창에서 수치를 조정하고 Preview를 체크하면 설정한 수치에 따라 이미지가 바로 변화하는 모습을 확인할 수 있습니다. 간혹 여러 가지의 설정을 한 후 그것을 적용하지 않고 원래 이미지로 돌아가고 싶거나 재설정해야 하는 경우에는 취소 후 다시 옵션 창을 엽니다. 이때 옵션 창이 열린 채로 Alt 키를 누르면 그림과 같이 Cancel 버튼이 Reset으로 바뀝니다. 그리고 이를 클릭하면 초기 이미지로 되돌아갑니다. 이는 Preview 항목이 있는 기능에 대부분 적용되므로 유용하게 사용할 수 있습니다.

Color Balance

Color Balance는 보색의 개념을 기반으로 색의 균형을 맞추어 분배하는 것으로 색 보정을 하게 됩니다. 조정 슬라이더의 양 끝단에는 보색이 위치합니다. 슬라이더를 움직이면서 해당 색상에 가까이 갈수록 색의 분포가 높아지고 보색의 분포는 낮아집니다. 상단 메뉴에서 [Image] - [Adjustments] - [Color Balance]를 선택하면 다음 그림과 같이 옵션 창이 나타납니다. 단축키는 [Ctrl] + [B]입니다.

❶ Color Balance(색상 균형): Cyan과 Red, Magenta와 Green, Yellow와 Blue 각각 보색의 분포를 슬라이더로 조정하여 색의 균형을 맞추어 보정합니다.

❷ Tone Balance(톤 균형): Shadows(어두운 톤), Midtones(중간 톤),Highlight(밝은 톤)을 선택하여 색상을 조정합니다.

❸ Preserve Luminosity(광도 유지): 선택을 하면 명도와 대비는 고정됩니다.

원본

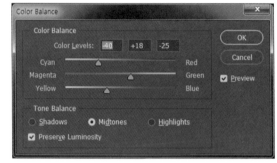

Midtones / -40 / +18 / -25

Photo Filter

Photo Filter는 카메라 렌즈의 필터와 비슷한 개념으로 색상과 농도를 조정하여 이미지를 보정하는 기능입니다. 상단 메뉴에서 [Image] – [Adjustments] – [Photo Filter]를 선택하면 다음 그림과 같이 옵션 창이 나타납니다.

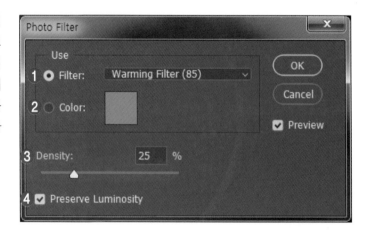

❶ Filter(필터): 적용할 필터를 선택합니다. 여러 가지 컬러 필터 이외에도 Warming Filter나 Cooling Filter와 같이 색의 전체적인 온도를 정하여 적용할 수 있는 필터도 있습니다.

❷ Color(색상): 필터에서 정해진 색상 이외에 다양한 색상를 선택하여 필터로 적용할 수 있습니다.

❸ Density(농도): 선택한 필터의 농도를 조정합니다.

❹ Preserve Luminosity(광도 유지): 이미지 원본의 밝기를 유지한 상태로 필터를 적용합니다.

원본

Midtones / -40 / +18 / -25

Cooling Filter(80) / Density 60%

Deep Emerald / Density 40%

Channel Mixer

Channel Mix는 색상 채널을 혼합하는 방식의 색상 보정 기능입니다. 상단 메뉴에서 [Image]-[Adjustments]-[Channel Mixer]를 선택하면 그림과 같이 옵션 창이 나타납니다.

❶ Output Channel(출력 채널): 색상을 변경하고자 하는 채널을 선택합니다.

❷ Source Channels(소스 채널): Output Channel에서 선택한 채널에 각 색상의 채널을 더하거나 빼는 방식으로 색상을 조절합니다.

❸ Constant(상수): 흰색과 검은색의 추가 수치입니다. +는 흰색을 추가하고 −는 검은색을 추가합니다.

❹ Monochrome(단색): 흑백 이미지로 바꿉니다.

원본

Output Channel: Green / R: +37, G: +46, B: +42 / Constant: -10

특수 보정 기능

일반적인 보정 이외에 특별한 형태의 이미지로 보정하는 경우 사용하는 기능입니다. 이미지를 단순화하거나 반전시키거나 다이내믹하게 노출을 조정하여 독특한 분위기의 이미지를 만들 때 사용하는 기능입니다.

Invert

Invert는 이미지를 반전시키는 것을 말합니다. 필름 카메라에서 볼 수 있는 필름과 같이 이미지를 반전시키는 효과를 사용할 수 있습니다. 상단 메뉴에서 [Image] – [Adjustments] – [Invert]를 선택하면 바로 반전 이미지로 바뀝니다. 단축키는 [Ctrl] + [I]입니다.

원본

Invert

Posterize

Posterize는 각 색상 채널에서 사용되는 색의 수를 압축하여 이미지의 색상이 단순해 보이도록 합니다. 상단 메뉴에서 [Image] – [Adjustments] – [Posterize]를 선택하면 그림과 같이 옵션 창이 나타납니다.

❶ Levels(레벨): 각 채널별로 사용될 색상의 수를 지정합니다. 수치가 낮을수록 이미지가 단순화됩니다.

원본

Levels: 4

Threshold

Threshold는 이미지의 대비를 극대화하여 흰색과 검은색만 존재하도록 보정합니다. 흑백으로 그려진 벡터 이미지 느낌으로 만화나 오래된 인쇄물의 느낌을 만들 때 주로 사용합니다.

상단 메뉴에서 [Image] – [Adjustments] – [Threshold]를 선택하면 그림과 같이 옵션 창이 나타납니다.

❶ Threshold Levels(한계값 레벨): 그래프 아래 슬라이더를 움직여 조절합니다. 오른쪽으로 이동하면 수치가 높아지며 검은색의 비중이 높아지고, 왼쪽으로 이동하면 수치가 낮아지며 흰색의 비중이 높아집니다.

원본

Threshold Levels: 150

Selective Color

Selective Color는 보정하고자 하는 이미지에서 특정한 색상만을 선택하여 다른 색상으로 바꾸거나 명도, 채도를 변경할 수 있습니다.

상단 메뉴에서 [Image] – [Adjustments] – [Selective Color]를 선택하면 그림과 같이 옵션 창이 나타납니다.

❶ **Color(색상)**: 색상을 조정하는 데 기준이 되는 채널을 선택할 수 있습니다. 9개의 색상 채널이 있습니다.

❷ Cyan / Magenta / Yellow / Black으로 나뉘어 있으며 % 단위로 표시됩니다. 수차가 높아지면 해당 색상의 비중이 높아집니다.

❸ **Relative(상대치)**: 색상 조정의 기준점을 원본 이미지로 설정합니다.

❹ **Absolute(절대치)**: 미리 정해진 채널값을 적용합니다.

원본

Reds / M-75, Y+40

Blues / C-100, M+100, Y-100

Blues / Absolute / M-100

HDR Toning

HDR Toning은 High Dynamic Range로 일반적인 사진보다 더 높은 동적 가시범위를 말합니다. 상단 메뉴에서 [Image]-[Adjustments]-[HDR Toning]를 선택하면 다음 그림과 같이 옵션 창이 나타납니다.

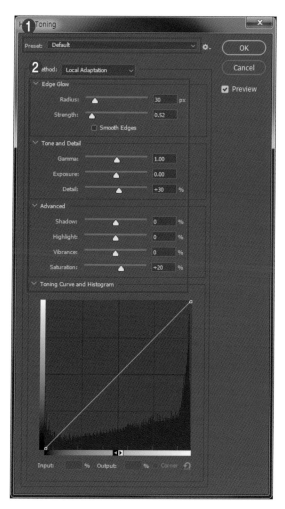 

❶ Preset의 드롭다운 메뉴를 열면 여러 가지 적용 샘플들이 있습니다. 그중 하나를 선택한 후 세부값을 조절하여 원하는 이미지를 만들 수 있습니다.

❷ 세부값을 조정합니다.

원본

Preset: Flat

Preset: Monochromatic Artist

Preset: Photorealistic

Desaturate

Desaturate는 말 그대로 채도를 모두 제거한다는 의미입니다. 상단 메뉴에서 [Image] – [Adjustments] – [Desaturate]를 선택하면 한 번에 흑백 이미지로 만들 수 있어 편리합니다.

원본

Desaturate

Replace Color

Replace Color는 원하는 색상 영역을 스포이트로 클릭하면 해당 영역만 색상과 명도, 채도 조정을 통해 변경할 수 있습니다.

상단 메뉴에서 [Image] – [Adjustments] – [Repl ace Color]를 선택하면 그림과 같이 옵션 창이 나타납니다.

❶ **스포이트 툴**: 변경하고자 하는 대상이 되는 색상의 샘플을 선택합니다. +, − 스포이트를 이용하여 샘플 색상에 추가하거나 제외할 수 있습니다.

❷ **Localized Color Clusters(범위 색상 집합)**: 체크하면 서로 가까이 있는 비슷한 색상 집합을 지정합니다.

❸ **Fuzziness(색상 범위 지정)**: 샘플이 되는 색상의 범위를 지정합니다. 수치가 커질수록 범위가 넓어집니다.

❹ **Selection/Image(선택/이미지)**: 섬네일 화면에서 선택한 샘플 영역만 흰색으로 보거나 이미지 원본으로 보는 것을 선택할 수 있습니다.

❺ **Hue/Saturation/Lightness(색상/채도/밝기)**: 해당 슬라이더를 각각 드래그하여 색상, 채도, 명도를 조정합니다.

원본

Auto Tone, Auto Contrast, Auto Color

클릭 한 번으로 흐릿한 사진을 선명하게 만들기

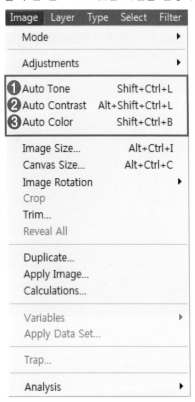

흐릿한 사진은 선명도를 조정하는 것만으로 더욱 좋은 사진으로 보정할 수 있습니다. 선명도는 크게 대비, 밝기, 색상, 톤 등을 통해 조정하게 되며 그 방법도 여러 가지가 있습니다.

* Auto Tone, Auto Contrast, Auto Color

상단 메뉴에서 [Image]를 클릭하면 왼쪽의 표시한 [Auto Tone], [Auto Contrast], [Auto Color]를 볼 수 있습니다. 이 기능들을 이용하면 클릭 한 번으로 톤, 대비, 색상을 보정할 수 있습니다. 포토샵이 가지고 있는 데이터를 기반으로 자동으로 보정해주기 때문에 편리하지만 특별한 컨셉으로 보정을 원하는 경우에는 추가적인 보정이 필요합니다.

❶ Auto Tone(자동 톤): 명도와 대비를 자동으로 조정합니다.
❷ Auto Contrast(자동 대비): 대비를 자동으로 보정합니다.
❸ Auto Color(자동 색상): 자동으로 색을 보정합니다.

원본

Auto Tone(자동 톤) 적용

Auto Contrast(자동 대비) 적용

Auto Color(자동 색상) 적용

LESSON 02. Filter 메뉴 살펴보기

필터는 간단한 방법으로 이미지를 재구성하여 새로운 형태로 만드는 방법입니다. 포토샵은 이미지를 선명하게 하거나 흐리게 하는 효과의 필터부터 회화 느낌의 필터나 독특한 조명 아래에 있는 듯한 효과 등 여러 종류의 필터를 제공합니다.

포토샵의 필터는 적절히 사용하면 매우 유용하지만 과하게 쓸 경우에는 오히려 원본의 완성도를 해칠 수 있습니다. 따라서 한 필터만 강하게 사용하기 보다는 원본 이미지에 따라 여러 필터를 적절히 혼합하여 사용하는 것도 좋습니다.

Filter Menu

기본적으로 제공되는 여러 종류의 필터에 대해 알아보겠습니다. 필터는 포토샵에서 기본적으로 제공되는 특수 효과 기능으로써, 사용법을 숙지하면 비교적 간단한 방법으로 다양한 효과를 표현할 수 있습니다.

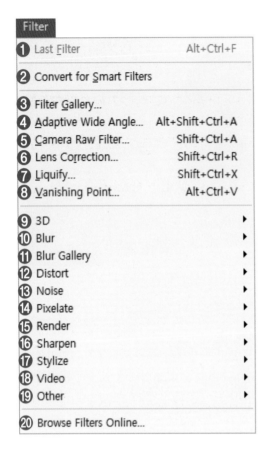

❶ **Last Filter**: 최근에 실행한 필터를 적용합니다.

❷ **Convert for Smart Filters**: 스마트 필터로 바꾸는 기능입니다.

❸ **Filter Gallery…**: 다양한 회화적인 필터들이 갤러리 형식으로 모여있습니다. 대화상자를 통해, 이미지에 필터를 적용한 결과를 미리 확인할 수 있습니다.

❹ **Adaptive Wide Angle…**: 어안 렌즈나 광각 렌즈로 촬영되어서 왜곡이 심한 사진 등을 보정하는 데 사용합니다.

❺ **Camera Raw Filter**: 일반 이미지도 고화질 이미지처럼 편집할 수 있도록 지원하는 기능입니다.

❻ **Lens Correction**: 광각 렌즈의 왜곡 현상을 조절하는 기능입니다.

❼ **Liquify**: 사진의 형태를 수정하는 기능입니다.

❽ **Vanishing Point**: 투시된 이미지를 소실점에 맞게 수정하는 기능입니다.

❾ **3D**: 3D 입체로 만들어주는 기능입니다.

❿ **Blur**: 필터의 가장 기본이 되는 기능으로 이미지 초점을 흐리게 합니다.

⓫ **Blur Gallery**: 다양한 Blur 필터들이 갤러리 형식으로 모여있습니다.

⓬ **Distort**: 이미지에 여러 가지 형태의 왜곡 효과를 줍니다.

⓭ **Noise**: 이미지에 거친 느낌의 효과를 줍니다.

⓮ **Pixelate**: 이미지의 픽셀을 다양한 형태로 조절하여 독특한 느낌의 효과를 주는 기능입니다.

⓯ **Render**: 몇 가지 특수 효과를 연출하는 기능입니다.

⓰ **Sharpen**: 이미지 선명도를 조절합니다.

⓱ **Stylize**: 이미지에 다양한 재질을 적용합니다.

⓲ **Video**: 작업한 이미지를 영상 매체 등으로 옮길 수 있도록 지원하는 기능입니다.

⓳ **Other**: 기타 필터들이 모여있습니다.

⓴ **Browse Filters Online**: 웹사이트에 있는 필터나 플러그인 등을 불러올 수 있습니다.

Filter Gallery

Filter Gallery는 메뉴 바에서 [Filter] – [Filter Gallery]를 클릭하면 실행할 수 있습니다. Filter Gallery는 Artistic, Brush Strokes, Distort, Sketch, Stylize, Texture의 총 6가지 항목으로 구성되어 있으며, 미리보기 창을 통해 각 필터를 미리 적용시켜 볼 수 있습니다.

Artistic

여러 가지 회화적 느낌의 독특한 터치를 적용할 수 있는 필터로 15가지로 구성되어 있습니다. RGB Color와 Grayscale 이미지에서만 효과를 적용할 수 있습니다.

Color Pencil

Cutout Dry

Brush

Film Grain

Fresco Neon

Glow

Paint Daubs

Palette Knife

Plastic Wrap

Poster Edges

Rough Pastels

Smudge Stick

Sponge

Underpainting

Watercolor

Brush Strokes

다양한 방식으로 터치를 적용할 수 있는 필터로, Artistic 필터와 비슷한 느낌을 줄 수 있습니다. 이 필터는 RGB Color와 Grayscale 이미지에서만 효과를 적용할 수 있습니다.

Accented Edges

Angled Strokes

Crosshatch

Dark Strokes

Ink Outlines

Spatter

Sprayed Strokes

Sumi-e

Distort

이미지를 변형하여 왜곡 효과를 줍니다.

Diffuse Glow

Glass

Ocean Ripple

Sketch

다양한 스타일의 스케치 효과를 적용할 수 있습니다. 전경색과 배경색의 영향을 받아 적용되면서 질감을 표현하기 때문에 색상을 잘 선택한 후 적용하는 것이 좋습니다.

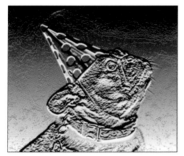
Bas Relief

Chalk & Charcoal

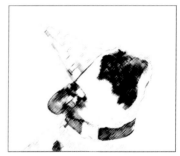
Charcoal

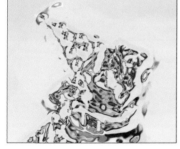
Chrome

Conte Crayon

Graphic Pen

Halftone Pattern

Note Paper

Photocopy

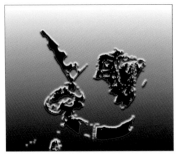

Plaster

Reticulation

Stamp

Torn Edges

Water Paper

Stylize

이미지의 '면' 보다는 '선'에 강한
효과를 적용해주는 필터입니다.

원본

Glowing Edges

Texture

이미지를 다양한 재질로 표현해주는 필터입니다.

Craquelure

Grain

Mosaic Tiles

Patchwork

Stained Glass

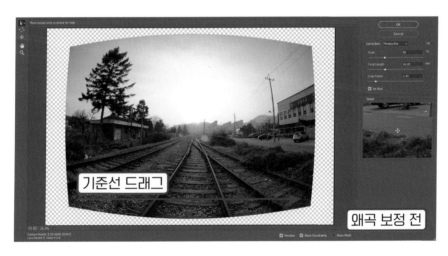

Texturizer

Adaptive Wide Angle

광각렌즈 등으로 촬영하여 왜곡이 심한 사진을 보정할 때 사용합니다. 왜곡된 부분을 보정하기 위해서 기준선을 클릭 앤 드래그로 만들어주면, 렌즈의 정보를 토대로 곡선이 자동으로 만들어져 왜곡이 보정됩니다. 렌즈 정보가 없는 경우에는 그려진 직선을 기준으로 보정됩니다.

Constraint Tool: 왜곡을 보정하기 위한 기준선을 만들어주는 기능입니다. [Shift]를 누른 채 이미지 위를 드래그하면 곡선이 직선으로 전환됩니다.

Camera Raw Tool

고용량 이미지(Raw 파일 등)뿐만 아니라 일반 이미지 파일(jpg 등)도 편집[1]과 색감 보정(Curve, Level 등) 등을 할 수 있도록 제공하는 기능입니다. Camera Raw Filter에서 제공하는 기능만으로도 포토샵의 여러 작업 과정을 간편하게 편집할 수 있어서 편리합니다.

❶ **Zoom Tool**: 이미지를 확대하거나 축소합니다.

❷ **Hand Tool**: 미리보기 화면보다 더 크게 확대된 경우, 화면을 이동시킬 수 있습니다.

❸ **White Balance Tool**: 이미지의 중간 회색 영역을 찾아 클릭하면 자동으로 색 온도를 보정해줍니다.

❹ **Color Samper Tool**: 색감 보정의 기본이 되는 색을 추출합니다.

❺ **Target Adjustment Tool**: 클릭 지점을 기준으로 Curve 값을 조절합니다.

❻ **Transform Tool**: 기준선 두 개를 기준으로 투시 형태의 이미지로 변환합니다.

❼ **Spot Removal**: 사진의 결점 등을 주변 이미지로 보정합니다.

❽ **Red Eye Removal**: 적목 현상을 제거해줍니다.

❾ **Adjust Brush**: 브러시로 클릭한 지점의 포인트를 중심으로 Adjustment 값을 조절할 수 있습니다.

❿ **Gradient Filter**: Gradient 영역을 중심으로 Adjustment 값을 조절할 수 있습니다.

⓫ **Radial Filter**: 방사형 필터로 피사체를 강조하며 배경의 초점을 흐리게 하고 비네팅 효과[2]를 줄 수 있습니다.

---

1. 확대, 축소, 회전, 자르기 등의 편집
2. 비네팅(Vignetting) 효과: 이미지의 가장자리가 어두워지는 효과

Lens Correction

렌즈 보정 필터로써 카메라 렌즈로 인한 왜곡을 수정합니다. 사진에 포함되어 있는 카메라 기종 및 렌즈의 정보를 통해 자동 혹은 수동으로 왜곡을 보정할 수 있으며, Custom 모드에서 비네팅 효과를 지원합니다.

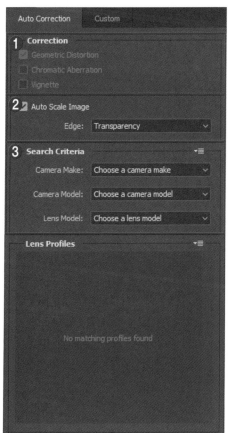

❶ Correction: 보정 방법을 선택합니다.

❷ Auto Scale Image: 자동으로 이미지 스케일을 조정합니다.

❸ Search Criteria: 카메라 및 렌즈의 검색 기준을 설정합니다.

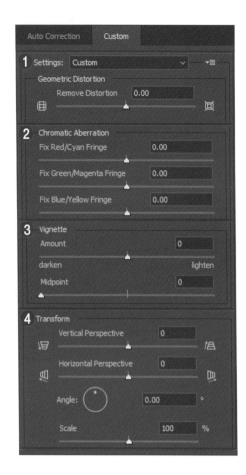

❶ Geometric Distortion: 기하학적 왜곡의 정도를 조절합니다.

❷ Chromatic Aberration: 색수차를 조절합니다.

❸ Vignette: 비네트 효과를 조절합니다.

❹ Transform: 이미지의 변형을 조절합니다.

Liquify

주로 인물 사진을 왜곡할 때 사용되는 필터로 정교한 방법으로 다양하게 왜곡할 수 있습니다. Liquify 필터는 Filter 메뉴에서 Liquify 항목을 클릭하거나 단축키인 [Ctrl] + [Shift] + [X]를 입력하여 사용할 수 있습니다.

Liquify 대화상자 옵션

❶ **Forward Wrap Tool**: 드래그로 이미지를 밀거나 당길 수 있습니다.

❷ **Reconstruct Tool**: 왜곡시킨 이미지를 다시 복구합니다.

❸ **Smooth Tool**: 과도한 왜곡을 완만하고 부드럽게 만들어줍니다.

❹ **Twirl Clockwise Tool**: 클릭하거나 드래그한 지점을 시계 방향으로 비틀며 이미지를 왜곡 시킵니다. [Alt]를 누른 채로 이미지를 클릭하면 반시계 방향으로 이미지를 왜곡시킵니다.

❺ **Pucker Tool**: 클릭한 지점을 중심으로 이미지를 축소, 왜곡시킵니다.

❻ **Bloat Tool**: 클릭한 지점을 중심으로 이미지를 확대, 왜곡시킵니다.

❼ **Push Left Tool**: 드래그하는 방향으로 주변 이미지를 이동시키면서 왜곡합니다.

❽ **Freeze Mask Tool**: Mask로 보호 영역을 적용하여 Liquify 필터의 효과가 적용되지 않 도록 합니다.

❾ **Thaw Mask Tool**: Mask 영역을 지우는 역할을 합니다.

❿ **Face Tool**: 얼굴을 감지하여 이목구비 등의 모양을 왜곡시킬 수 있습니다.

⓫ **Hand Tool**: 미리보기 창의 이미지를 이동시킵니다.

⓬ **Zoom Tool**: 미리보기 창의 이미지를 확대, 축소합니다.

Vanishing Point

원근감이 있는 이미지를 보정할 때, 원근감을 살려서 추가적으로 길이를 늘리거나 복제하는 등의 보정을 할 수 있는 필터입니다.

❶ **Edit Plane Tool**: 원근감이 있는 이미지에 맞춰 소실점이 있는 평면 Grid를 만들어 투시도로 사용합니다.

❷ **Create Plane Tool**: 이미지에 포인트를 찍어 면을 만들어 투시도로 사용합니다.

❸ **Marquee Tool**: Grid 안에 투시도에 맞는 선택 영역을 만듭니다.

❹ **Stamp Tool**: 툴 바의 [Stamp Tool]과 같은 기능으로, [Alt]를 눌러 소스를 복제한 후 사용합니다.

❺ **Brush Tool**: 툴 바의 [Brush Tool]과 같은 기능입니다.

3D

3D 프로그램에서 사용되는 Bump Map과 Normal Map을 생성해주는 필터입니다. [Filter] – [3D] – [Generate Bump Map / Generate Normal Map]을 실행하면 다음과 같이 이미지가 변환됩니다.

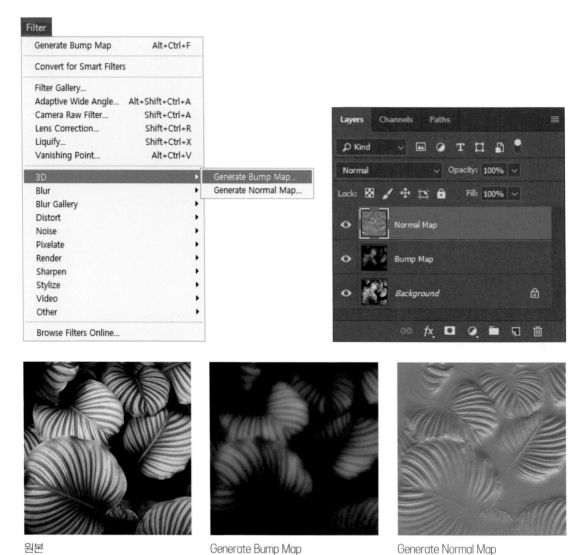

원본   Generate Bump Map   Generate Normal Map

Blur & Blur Gallery

Blur

Blur는 이미지의 초점을 흐리게 하여 흠집이나 잡티를 제거하는 필터입니다. 총 11개로 구성되어 있으며, 기본적으로 Blur, Blur More, Gaussian Blur이 가장 많이 사용됩니다. 나머지는 좀 더 특수한 효과를 낼 때 사용됩니다.

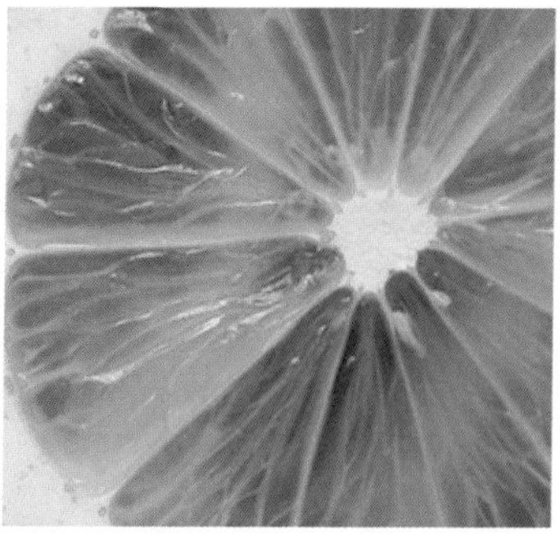

원본

Average

Blur

Blur More

Box Blur

Gaussian Blur

Lens Blur

Motion Blur

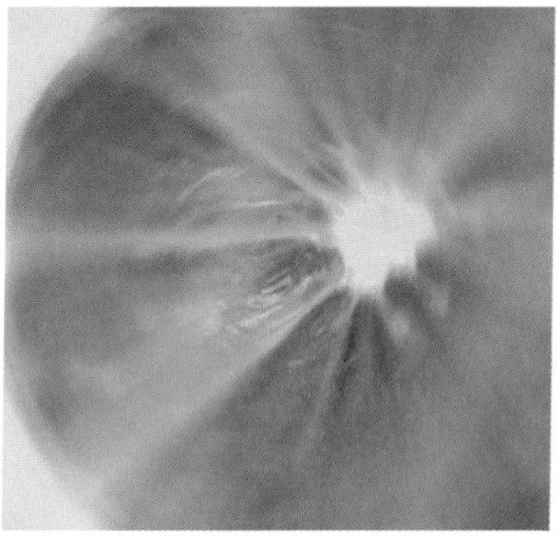

Radial Blur

Shape Blur

Smart Blur

Surface Blur

Blur Gallery

Blur Gallery에는 5가지의 Blur Filter가 있습니다. Field Blur는 이미지 전체에 Blur가 적용되며, Iris Blur는 중심에서 밖으로 퍼져 나갈수록 더 적용됩니다. Tilt-Shift Blur는 위아래로, Path Blur는 path 선을 따라, Spin Blur는 회전이 되면서 Blur가 적용됩니다.

원본

Field Blur

Iris Blur

Tilt-Shift Blur

Path Blur

Spin Blur

❶ **Field Blur**: 핀을 기준으로 점마다 Blur의 값을 설정합니다.

❷ **Iris Blur**: 원형 Blur를 조절합니다.

❸ **Tilt-Shift Blur**: 중점과 두 개의 선을 기준으로 Blur를 조절합니다.

❹ **Path Blur**: Path 선을 따라 Blur를 조절합니다.

❺ **Spin Blur**: 마우스 포인트로 회전하는 Blur를 조절합니다.

Distort

Distort는 왜곡 필터로 이미지를 비틀거나 돌리거나 구부려서 일반 객체를 물결 모양의 이미지, 꼬인 모양 및 부풀린 구로 바꾸어줍니다.

원본

Displace

Pinch

Polar Coordinate

Ripple

Shear

Spherize

Twirl

Wave

Zigzag

Displace

Displace 필터는 다른 필터들과 달리 PSD 파일을 이용하여 작업 이미지를 변형하는 필터입니다. 적용하는 과정이 다른 필터와 다르기 때문에 좀 더 자세히 살펴보도록 하겠습니다. 우선 원본으로 쓰일 첫 번째 이미지와 필터로 쓰일 두 번째 이미지를 준비합니다. 그 다음, 필터로 쓰일 두 번째 이미지를 가지고 원본 이미지의 선택된 부분을 변형시킵니다. 두 번째 필터는 반드시 PSD 파일이어야 합니다.

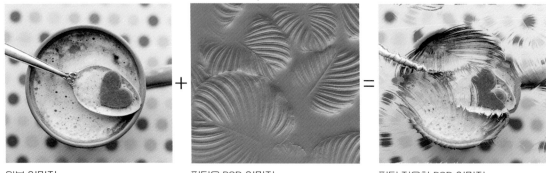

원본 이미지   필터용 PSD 이미지   필터 적용한 PSD 이미지

❶ **Horizontal Scale**: Displacement Map이 적용될 가로 방향 크기를 조절합니다.

❷ **Vertical Scale**: Displacement Map이 적용될 세로 방향 크기를 조절합니다.

❸ **Displacement Map**
- Stretch To Fit: Displacement Map이 이미지 크기에 맞도록 조절합니다.
- Tile: Displacement Map이 타일 형식으로 이미지에 들어갑니다.

❹ **Undefined Areas**
- Wrap Around: 필터를 적용한 후 빈 영역에 원래의 이미지가 적용됩니다.
- Repeat Edge Pixels: 빈 영역에 원래 이미지의 테두리 픽셀을 적용합니다.

Noise

Add Noise 필터는 이미지에 임의의 픽셀을 적용하여 고속 필름으로 촬영한 것과 같은 효과를 냅니다. Despeckle은 레이어의 가장자리를 감지하여 해당 가장자리를 제외한 모든 영역을 흐리게 합니다. 이로써 디테일은 유지하면서 노이즈를 제거합니다. Dust & Scratches는 다른 픽셀을 변경하여 시각적 노이즈를 줄입니다. Median은 선택 영역 내에서 픽셀의 밝기를 혼합하여 레이어의 노이즈를 줄입니다. Reduce Noise는 불충분한 조명으로 촬영했을 때 발생한 노이즈 등을 보정할 때 사용합니다.

원본

Add Noise

Despeckle

Dust & Scratches

Median

Reduce Noise

Pixelate

Pixelate 필터는 픽셀의 모양, 색상, 배열을 조절하여 효과를 주는 필터입니다. 특히 Mosaic와 Color Halftone은 자주 사용되는 효과입니다.

원본

Color Halftone

Crystallize

Facet

Fragment

Mezzotint

Mosaic

Pointillize

Render

Render 필터는 특수 효과를 연출하는 필터입니다. 특히 Tree나 Clouds가 유용하게 사용됩니다.

원본

Flame

Picture Frame

Tree

Clouds

Difference Clouds

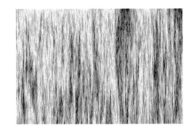

Fibers

Lens Flare

Lighting Effects

Sharpen & Stylize & Other

Sharpen

Sharpen 필터는 이미지의 선명도를 조정하는 필터로 인접한 픽셀의 명암 차이를 강조해서 선명도를 높이는 필터입니다. Shake Reduce, Sharpen, Smart Sharpen 등 총 5개의 효과가 있습니다.

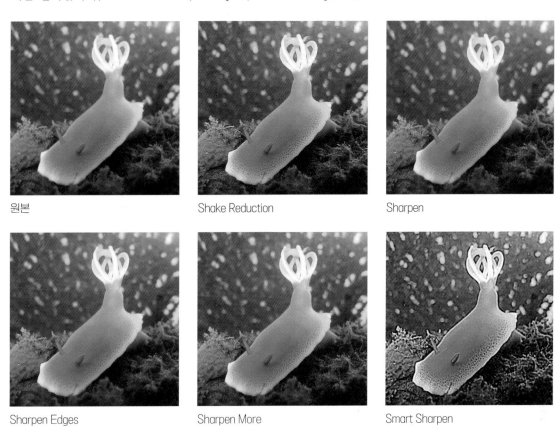

원본

Shake Reduction

Sharpen

Sharpen Edges

Sharpen More

Smart Sharpen

Unsharp Mask

Stylize

Stylize 필터는 픽셀에 변형을 주어 이미지의 대비를 통해 특수한 효과를 표현하는 필터입니다. Diffuse, Emboss, Extrude 등 총 9개의 효과가 있습니다.

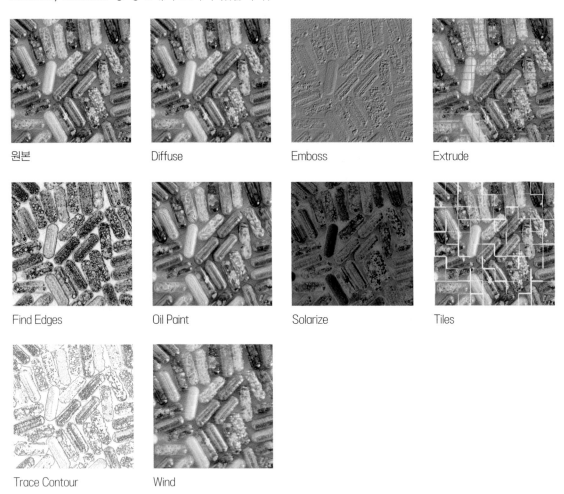

원본   Diffuse   Emboss   Extrude

Find Edges   Oil Paint   Solarize   Tiles

Trace Contour   Wind

Other

사용자가 직접 필터를 제작하거나 이미지 색상의 밝기 조정을 하거나 픽셀의 배열을 의도적으로 조절할 수 있는 등 다양한 기능을 합니다.

원본

Custom

High Pass

HSB / HSL

Maximum

Minimum

Offset

CHAPTER 02

예제를 통한 응용력 기르기

LESSON 01. 풍경 사진 보정하기

이번 예제에서는 Selective Color의 색상 보정 기능을 이용하여 밋밋한 풍경 사진을 선명하고 현장감 넘치는 사진으로 보정해보도록 하겠습니다. 실제로 촬영할 때는 맑고 화창한 날이었음에도 불구하고 탁하고 답답하게 찍힌 풍경사진을 보정을 통해 맑고 화창한 풍경으로 만들어보겠습니다.

*주 사용 기능: [Adjustments] – [Selective Color]
*예제 파일: part3_ch2_lesson01.PSD
*활용도: ★★★★★
*난이도: ★

[완성 이미지]

01. 파일 불러오기

[File]–[Open]을 선택하여 실습 자료 폴더에서
part3_ch2_lesson01.PSD 파일을 불러옵니다.

02. 구도 보정하기

❶ 왼쪽 툴 바에서 [Crop Tool]을 선택합니다.

❷ 원형으로 표시한 모서리 부분으로 커서를 가져가면 커서의 모양이 회전↻을 할 수 있도록 바뀝니다.

❸ 기울어져 있는 수평선으로 인해 불안한 구도를 클릭 드래그하여 수평을 이루게 합니다. 가이드 라
인을 보면서 화면 전체를 시계 반대방향으로 회전합니다.

❹ 구도가 맞춰졌다면 화면 안쪽에서 더블클릭하거나 [Enter]를 눌러 완료합니다.

TIP

풍경 사진에서 지평선이나 수평선이 기울어져 있는 경우, 안정적으로 보이지 않기 때문에 흔히 구도가 불안하다고 합니다. 하지만 사선으로 이루어진 구도는 동적이고 리듬감이 있어, 경우에 따라서는 지평선이나 수평선을 의도적으로 기울이는 방식으로 보정하기도 합니다.

03. 선명도 보정하기

❶ 레이어 패널에서 [Ctrl] + [J]를 눌러 원본 이미지를 복사하여 둡니다.

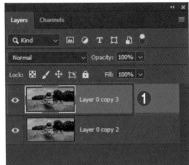

❷ 복사한 레이어를 선택하고 상단 메뉴에서 [Image] – [Adjustments] – [Curves]를 선택하여 옵션 창을 엽니다.

❸ Output은 77, Input은 80을 입력하거나 커브 곡선 변형을 이용하여 이미지를 선명하게 조정합니다.

❹ [OK]를 눌러 완료합니다.

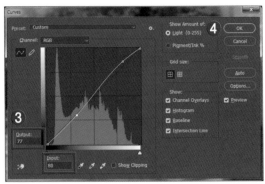

TIP

사진 보정을 할 때 일반적으로 Curves나 Levels를 이용하여 선명도를 먼저 보정한 후 색상 보정을 합니다. 다만, 색상 보정 시 대비도 함께 변화되니, 초반에 선명도를 보정할 때 대비가 너무 강하지 않도록 조정하는 것이 좋습니다.

04. 채도 보정하기

❶ 상단 메뉴 [Image] – [Adjustments] – [Hue/Saturation]을 선택하여 옵션 창을 엽니다. Saturation의 슬라이더를 오른쪽으로 이동하여 채도값이 12가 되도록 맞춥니다. 전체적으로 선명한 색상으로 만듭니다.

❷ [OK]를 눌러 완료합니다.

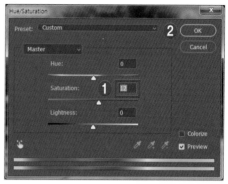

05. 선택 색상 보정하기 1

❶ 상단 메뉴 [Image] – [Adjustments] – [Selective Color]를 선택하여 창을 엽니다.

❷ Colors에서 채널을 Cyans로 선택합니다.

❸ Cyan 수치를 70%로 설정하여 푸른색을 강조합니다. 그리고 Magenta의 수치는 –10%로 설정하여 보색이 되는 초록색 톤이 살짝 부각되도록 합니다.

❹ [OK]를 눌러 완료합니다.

06. 선택 색상 보정하기 2

❶ 상단 메뉴 [Image] – [Adjustments] – [Selective Color]를 선택하여 옵션 창을 엽니다.

❷ 이번에는 Colors에서 채널을 Yellows로 선택합니다.

❸ Magenta의 수치는 –80%로 Yellow는 70%로 설정하여 이미지의 초록색 톤을 강조합니다.

❹ [OK]를 눌러 완료합니다.

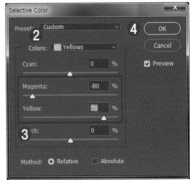

TIP

[Selective Color]는 보색의 개념으로 톤을 더하고 빼는 개념입니다. 그러므로 보색의 기본적인 관계를 이해한다면 좀 더 유용하게 사용할 수 있을 것이라고 생각합니다.

LESSON 02. Levels를 이용하여 선명한 사진 만들기

이번 예제에서는 Levels의 기능을 이용하여 밝고 어두움, 색감 등을 조절해보도록 하겠습니다. Levels의 기능은 매우 쉽고 간단하지만, 사진을 보정할 때 기본적으로 조정하는 기능이라고 할 정도로 활용도가 아주 높습니다.

*주 사용 기능: [Adjustments] – [Levels]
*예제 파일: part3_ch2_lesson02.PSD
*활용도: ★★★★★
*난이도: ★

[완성 이미지]

01. 파일 불러오기, Levels 창 열기

❶ [File] – [Open]을 선택하여 실습 자료 폴더에서 part3_ch2_lesson02.PSD 파일을 불러옵니다.

❷ [Image] – [Adjustments] – [Levels]를 선택하여 옵션 창을 엽니다.

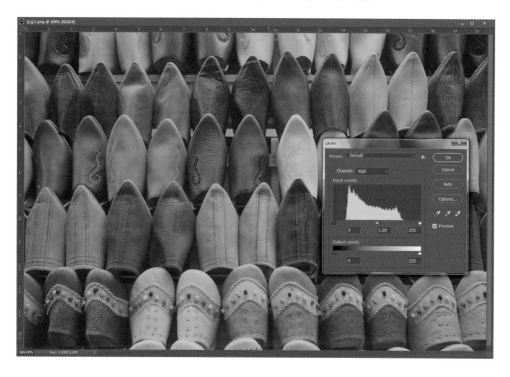

02. Levels 값 설정하기

❶ Input Levels의 오른쪽에 위치한 밝은 톤의 슬라이더를 그래프의 끝 쪽까지 드래그하여 이동합니다.

❷ Input Levels의 왼쪽 어두운 톤의 슬라이더도 마찬가지로 그래프의 끝 쪽까지 오른쪽으로 드래그하여 이동합니다.

❸ [OK]를 눌러 완료합니다.

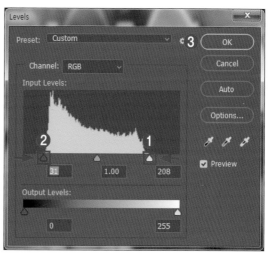

03. 중간 톤 설정하기

앞 단계에서 조절한 이미지의 대비가 다소 높아 어두운 톤이 단순해진 듯하여, 중간 톤의 밝기를 조정하도록 하겠습니다.

❶ 가운데 중간 톤 슬라이더를 왼쪽으로 1.24만큼 드래그하여 이동합니다. 어두운 톤이 전체적으로 밝아지면서 앞 단계에서는 잘 보이지 않던 형태들이 보입니다.

❷ [OK]를 눌러 완료합니다.

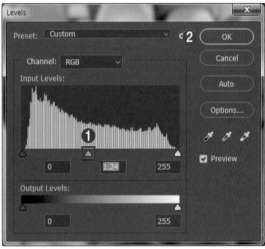

LESSON 03. Curves를 이용하여 선명한 사진 만들기

이번 예제에서는 Curves의 그래프 조정을 통해 이미지의 색상 대비를 보정하는 기능을 다루어 보겠습니다.

Curves는 정확한 수치보다는 이미지를 보면서 그래프의 곡선을 조정하여 보정하는 것이 일반적입니다. 원본 이미지의 상태에 따라 다르게 나타나기 때문에 절대값이 의미가 없습니다.

예제를 통해 기본 기능을 익히고 다른 이미지에도 많이 응용해보며 감각이 익숙해지길 바랍니다.

*주 사용 기능: [Adjustments] – [Curves]
*예제 파일: part3_ch2_lesson03.PSD
*활용도: ★★★★
*난이도: ★

[완성 이미지]

01. 파일 불러오기, Curves 창 열기

❶ [File] – [Open]을 선택하여 실습 자료 폴더에서 part3_ch2_lesson03.PSD 파일을 불러옵니다.

❷ [Image] – [Adjustments] – [Curves]를 선택하여 옵션 창을 엽니다.

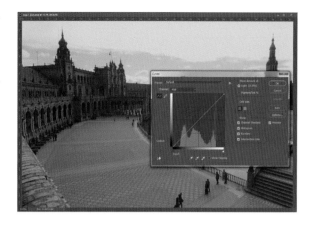

02. 곡선으로 밝은 톤 조정하기

❶ 그래프 화면에서 가운데 사선 위에서 클릭 드래그로 그림과 같이 곡선으로 변형합니다. 이미지가 전체적으로 밝아진 것을 볼 수 있습니다. Output 값은 200, Input 값은 153으로 설정합니다.

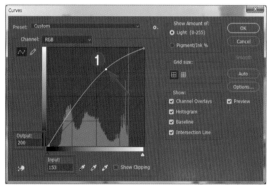

03. 곡선으로 어두운 톤 조정하기

❶ 앞에서와 같은 방법으로 곡선을 변형합니다. 이번에는 곡선의 왼쪽 아래 부분을 오른쪽 아래로 이동시키며 곡선을 조정합니다. Output 값은 86, Input 값은 81로 설정합니다.

❷ [OK]를 눌러 완료합니다.

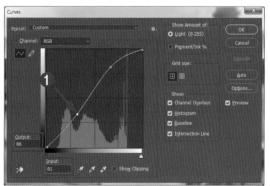

TIP

Curves의 곡선은 일반적으로 S자 형태가 될 때 적절한 색상의 대비가 된다고 생각하면 좋습니다. 그것을 기준으로 곡선의 정도를 조정하여 더 어둡거나 밝게 보정합니다. 또한 다음과 같이 곡선을 다양하게 변형시켜 특별한 감성의 사진을 만들 수 있습니다.

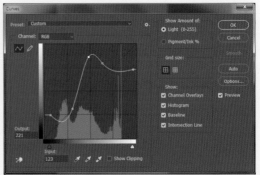

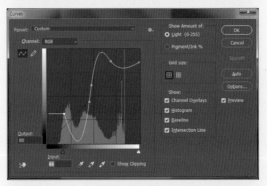

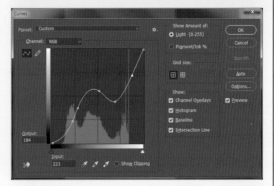

Replace Color를 이용하여 부분 색상 바꾸기

Replace Color는 스포이트로 지정한 부분의 색상 영역의 범위를 지정하여 색상, 채도, 밝기를 조정합니다. 이번 예제에서는 이 기능을 이용하여 자연스럽게 옷의 색을 바꾸는 과정을 다루어보도록 하겠습니다.

*주 사용 기능: [Image] – [Adjustments] – [Replace Color]
*예제 파일: part3_ch2_lesson04.PSD
*완성 파일: part3_ch2_lesson04_완성.PSD
*활용도: ★★★★
*난이도: ★★

[완성 이미지]

01. 파일 불러오기

❶ [File] – [Open]을 선택하여 실습 자료 폴더에서 part3_ch2_lesson04.PSD 파일을 불러옵니다.

❷ Background 레이어를 선택한 상태로 [Ctrl] + [J]를 눌러 레이어를 복사하여 원본을 보존합니다.

02. 색상 선택하기

❶ [Image] – [Adjustments] – [Replace Color]를 선택하여 창을 엽니다. 창이 열리면 이미지의 옷 부분을 클릭합니다.

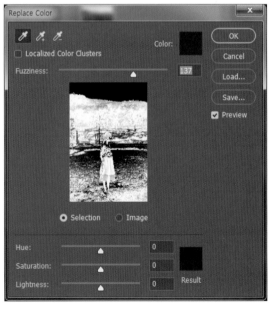

03. 색상 바꾸기

❶ 옵션 창에서 Hue는 +125, Saturation은 +20만큼의 값을 설정하여 색상을 변경합니다. 슬라이더를 이 동하거나, 수치를 입력하는 방법으로 조정합니다.

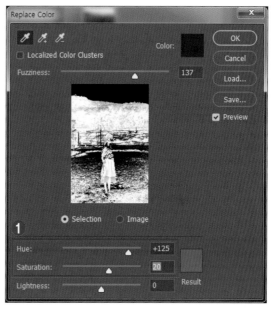

04. 변경 색상 추가하기

❶ 이미지를 확대해보면 이전 색상이 그대로 남아있는 부분이 있습니다.

❷ +스포이트 아이콘을 선택합니다.

❸ 이미지에서 변경하고 싶은 색상이 있는 부분을 클릭하여 선택합니다.

어두운 부분의 색상까지 자연스럽게 변경되었습니다.

음식 사진 보정하기

SNS에 음식 사진은 흔히 업로드하는 이미지입니다. 맛집 인증부터 여행에서 음식을 테마로 한 사진들은 많은 사람들의 공감을 얻는 소재입니다. 이번 예제에서는 Curves의 기능을 이용하여 간단하게 블로그나 SNS의 음식 사진들처럼 먹음직스럽고 풍부한 색상을 가진 이미지로 편집을 해보도록 하겠습니다.

*주 사용 기능: [Image] – [Adjustments] – [Curves]
*예제 파일: part3_ch2_lesson05.PSD
*완성 파일: part3_ch2_lesson05_완성.PSD
*활용도: ★★★★★
*난이도: ★★★

[완성 이미지]

01. 파일 불러오기
[File] – [Open]을 선택하여 실습 자료 폴더에서
part3_ch2_lesson05.PSD 파일을 불러옵니다.

02. 레이어 복사

❶ 원본 이미지를 보존하기 위해 [Ctrl] + [J]를 눌러 레이어를 복사합니다.

03. 밝고 선명하게 대비를 조정하기

❶ 앞에서 복사한 레이어를 선택하고 상단 메뉴에서 [Image] – [Adjustments] – [Curves]를 누르거나 [Ctrl] + [M]을 눌러 옵션 창을 엽니다.

❷ Channel이 RGB로 되어있는지 확인합니다.

❸ 표시된 부분을 클릭하여 기준점을 만들고 Output을 210, Input을 175로 설정합니다.

❹ Channel을 Red로 하고, 같은 방법으로 표시된 부분에 기준점을 만들고 Output을 90, Input을 70로 설정하여 이미지를 좀 더 선명하고 밝게 조정합니다.

❺ [OK]를 눌러 완료합니다.

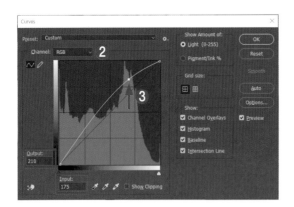 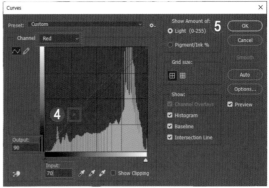

04. 먹음직스러운 색상으로 만들기 1

❶ 레이어를 선택하고 단축키 [Ctrl] + [M]을 눌러 Curves 옵션 창을 엽니다.

❷ Channel에서 색상을 Red로 설정합니다.

❸ 그림의 ❸과 같은 부분을 클릭하여 기준점을 만들고 Output 수치는 220, Input 수치는 225로 입력합니다.

❹ 앞 단계와 마찬가지로 그림에 표시된 위치에 클릭하여 기준점을 만들고 Output 수치 185, Input 수치 170으로 입력합니다.

❺ 클릭하여 기준점을 만들고 Output 수치는 0, Input 수치는 28을 입력합니다.

❻ 붉은 톤이 강조되고 더욱 선명해졌습니다.

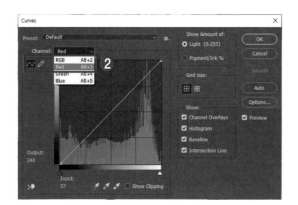
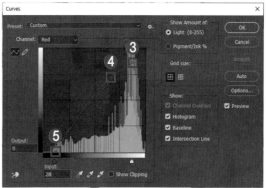

05. 먹음직스러운 색상으로 만들기 2

❶ 앞 단계에서 설정한 옵션 창을 닫지 않은 상태 그대로, Channel만 Blue로 변경합니다.

❷ 표시된 부분을 클릭하여 기준점을 만들고 Output 수치는 140, Input 수치는 155로 입력합니다.

❸ 파란 톤을 축소시킴으로 노란 톤이 강조되었습니다.

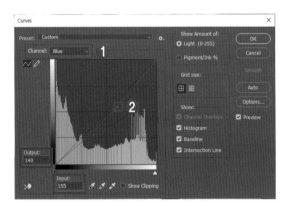

06. [Sharpen Tool]로 부분적으로 선명하게 만들기

❶ 툴 바에서 [Sharpen Tool]을 선택합니다.

❷ 상단 옵션 바에서 브러시는 [부드러운 원]으로 하고 사이즈는 400px로 설정합니다.

❸ Strength는 80%로 설정합니다.

❹ 파란 점선으로 표시한 부분은 [Sharpen Tool]을 클릭하고 문지르듯 드래그하여 선명하게 만듭니다.

TIP

[Sharpen Tool]을 사용할 때 같은 자리를 여러 번 문지르면 이미지가 깨지므로 이미지의 상태를 보면서 너무 강하게 적용되지 않도록 합니다.

지나친 Sharpen 효과로 이미지가 거칠어진 모습

07. [Crop Tool]을 이용하여 구도 응용하기

❶ 툴 바에서 [Crop Tool]을 선택합니다.

❷ 표시한 부분과 같이 이미지 코너 부분에 커서를 가져가면 클릭 드래그로 화면을 조정할 수 있습니다. 화살표 방향으로 드래그합니다.

❸ 음식에만 집중될 수 있도록 그릇 부분을 제외하였습니다. 구도가 확정되었다면 [Enter]를 눌러 완료합니다.

TIP

요즘은 음식 사진에서 부분만 보여주는 일명 자른 샷이 유행이라고 합니다. 따라서 구도에 구애받지 않고도 강조하고 싶은 부분을 다양하게 연출할 수 있습니다. 연출하고자 하는 느낌을 떠올리며 자유롭게 시도해보기를 바랍니다. 또한 기본 구도에 관한 이론은 웹상에서도 쉽게 찾을 수 있으니, 참고하여 응용해보는 것도 좋을 것입니다.

08. 아웃 포커싱 효과 내기 1- 부분 선택

❶ 툴 바에서 [Lasso Tool]을 선택합니다.

❷ 상단 옵션 바에서 Feather 값을 30px로 설정합니다.

❸ 해당 레이어를 선택하고 [Lasso Tool]로 위의 이미지에 표시된 흐릿한 효과가 적용될 부분을 선택합니다.

❹ [Ctrl] + [J]를 눌러 선택 부분을 복사합니다.

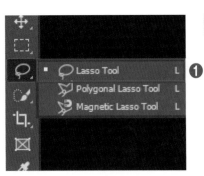

09. 아웃 포커싱 효과 내기 2- 블러 효과

❶ 복사한 레이어를 선택하고 상단 메뉴에서 [Filter] – [Blur] – [Gaussian Blur]를 선택합니다.

❷ 창이 열리면 Radius 값을 3.5로 설정하고 [OK]를 눌러 완료합니다.

❸ 아웃 포커싱 효과로 음식이 더욱 입체감 있는 이미지로 보정되었습니다.

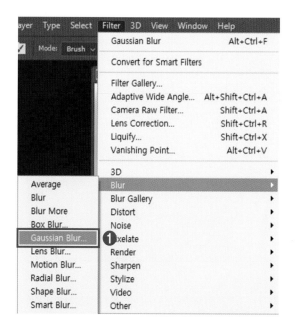

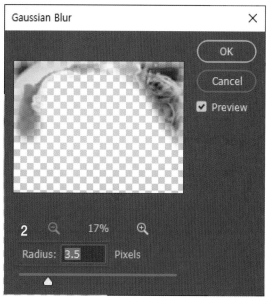

LESSON 06. 인물 사진 피부 보정하기

피부를 보정하는 방법은 여러 가지가 있습니다. 이러한 방법은 보정하고자 하는 이미지의 상태에 따라서 그 과정이 달라집니다. 그래서 이번 예제에서는 여러 가지 방법을 복합적으로 사용할 수 있는 이미지를 대상으로 하여, 해당 기능을 다른 이미지에도 응용할 수 있도록 하겠습니다.

*주 사용 기능: Spot Healing Brush Tool, [Filter] – [Filter Gallery]
*예제 파일: part3_ch2_lesson06.PSD
*완성 파일: part3_ch2_lesson06_완성.PSD
*활용도: ★★★★★
*난이도: ★★★

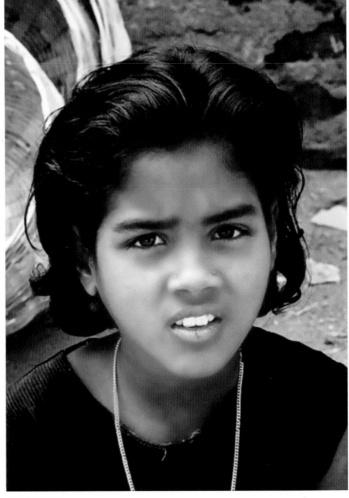

[완성 이미지]

01. 파일 불러오기, 레이어 복사

❶ [File] – [Open]을 선택하여 실습 자료 폴더에서 part3_ch2_lesson06.PSD 파일을 불러옵니다.

❷ 원본 이미지를 보존하기 위해 [Ctrl] + [J]를 눌러 레이어를 복사합니다.

02. 큰 잡티 제거하기

❶ 툴 바에서 [Spot Healing Brush Tool]을 선택합니다.

❷ 붉은색 원으로 표시한 곳과 같이 크고 진한 점을 중심으로 [Spot Healing Brush Tool]을 이용하여 클릭을 하여 제거합니다. 브러시 사이즈는 지우고 싶은 점의 크기 보다 약간 큰 정도로 합니다.

❸ 크고 진한 점들과 그 외 다른 부분도 [Spot Healing Brush Tool]로 보정합니다.

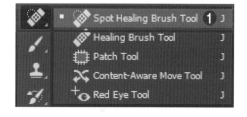

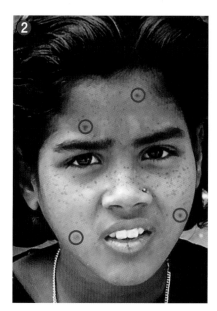

03. 레이어 복사하기

❶ 앞 단계에서 보정한 레이어를 선택하고 [Ctrl] + [J]를 눌러 레이어를 복사합니다.

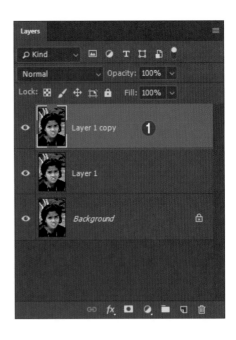

04. 흐림 효과 적용

❶ 상단 메뉴 중 [Filter] – [Blur] – [Gaussian Blur]를 선택합니다.
❷ 옵션 창에 Radius 값을 5.0 Pixels로 설정합니다.

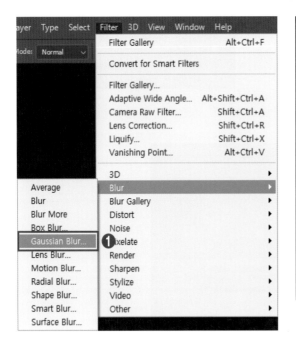

05. 부드러운 질감 추가

❶ 상단 메뉴 중 [Filter] – [Noise] – [Median]을 선택합니다.

❷ 옵션 창에 Radius 값을 7 Pixels로 설정합니다.

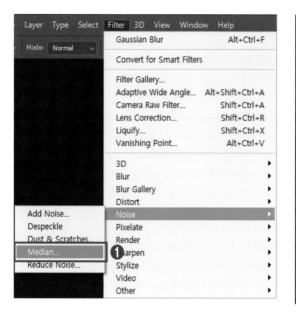 

TIP

Median Filter는 중간값을 늘려주어 이미지를 더욱 부드럽게 만드는 효과입니다. 다만 수치가 지나치면 이미지가 너무 단순해집니다.

06. 피부의 질감 추가

❶ 상단 메뉴 중 [Filter] – [Filter Gallery]를 선택합니다.

❷ Texture에서 Texturizer를 선택합니다.

❸ Texture는 Sandstone을 선택하고 Scaling 값은 50%, Relief 값은 1로 설정하고 [OK]를 눌러 완료합니다.

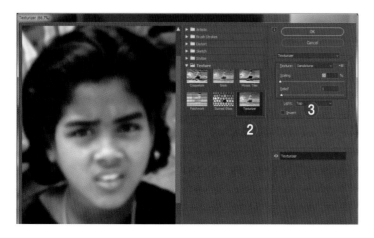 

07. 반전 마스크 만들기

❶ 레이어 패널 창에서 [Add a mask] 아이콘을
[Alt] + [클릭]하여 반전 마스크를 만듭니다.

08. 브러시 설정하기

❶ 툴 바에서 [Brush Tool]을 선택합니다.

❷ 색상은 흰색을 선택합니다.

❸ 브러시는 [부드러운 원]을 선택하고 사이즈는
40~60px 정도로 설정합니다.

❹ Opacity는 15%로 설정합니다.

브러시의 색상을 선택하는 방법이 궁금하다면 206쪽의
TIP을 참조해주세요.

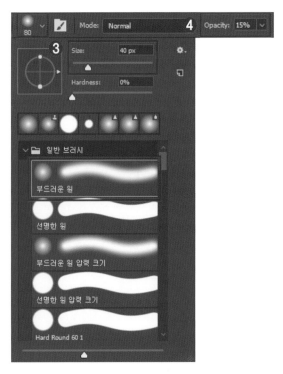

09. 마스크 적용하기

❶ 반전 마스크가 적용된 레이어를 선택합니다.

❷ 화살표 방향과 같이 얼굴 안쪽에서 바깥쪽으로 칠하며 눈과 입 부분은 제외한 피부를 중심으로 합니다. 브러시 투명도가 약하게 설정되어 있어 여러 번 칠해야 보정한 피부가 나타납니다.

10. 마스크 적용하기

❶ 눈과 입 부분을 제외하고 흰색을 칠하여 보정된 깨끗한 피부 톤이 보이도록 합니다.

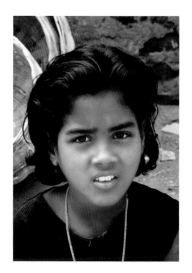
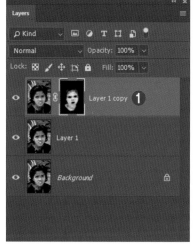

 TIP

브러시 Opacity 값을 높게 설정하면 빠르게 보정된 피부가 보이도록 할 수 있지만 자연스러움은 부족하게 됩니다. 특히 경계 부분은 낮은 수치로 여러 번 칠하는 것과 높은 수치로 한 번에 칠하는 것은 차이가 있습니다. 또한 브러시는 얼굴의 가운데에서 바깥쪽으로 향하게 칠하는 것을 기준으로 합니다. 그리고 브러시 사이즈도 자유롭게 조절하면서 이미지를 보고 자연스럽게 칠해주면 됩니다.

11. 레이어 복사 병합

❶ [Shift]를 누른 상태로 레이어 두 개를 선택합니다.

❷ 레이어가 선택된 상태에서 [Ctrl] + [J]를 눌러 복사합니다.

❸ 복사한 두 레이어가 선택된 상태에서 [Ctrl] + [E]를 눌러 레이어를 병합합니다.

  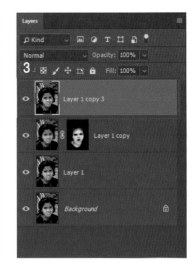

 TIP
레이어를 복사한 후 병합하는 이유는 작업의 중간 과정을 저장해주기 위함입니다.

12. Curves로 대비 보정

❶ 앞 단계에서 병합한 레이어를 선택한 후 상단 메뉴에서 [Image] – [Adjustments] – [Curves]를 선택하여 창을 엽니다.

❷ 표시된 부분을 클릭하여 기준점을 만들고 Output 수치는 210, Input 수치는 195로 입력합니다.

❸ 표시된 부분을 클릭하여 기준점을 만들고 Output 수치는 45, Input 수치는 42로 입력하여 이미지를 밝고 또렷하게 만듭니다.

LESSON 07. 인물 사진 형태 보정하기

인물 사진에서 눈을 크거나 작게 보정하거나 얼굴형을 갸름하게 하는 등의 방법도 있습니다. 이번 예제는 그중에서도 원본의 왜곡을 최대한 줄이면서 간단하게 조정할 수 있는 Liquify(픽셀 유동화)기능을 이용하는 방법을 익혀보도록 하겠습니다.

*주 사용 기능: Liquify
*예제 파일: part3_ch2_lesson07.PSD
*완성 파일: part3_ch2_lesson07_완성.PSD
*활용도: ★★★★★
*난이도: ★★

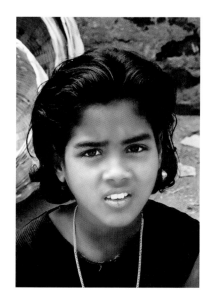

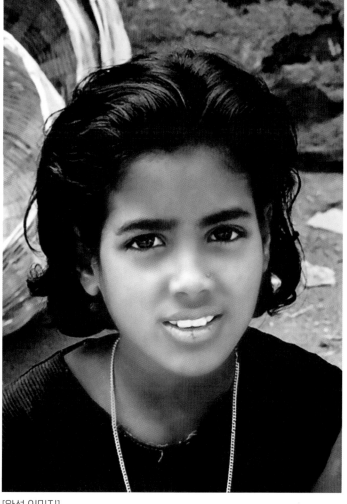

[완성 이미지]

01. 파일 불러오기, [Liquify] 창 열기

❶ 앞 단계의 실습에서 피부를 보정한 이미지 파일(part3_ch2_lesson07.PSD)을 불러옵니다.

❷ 상단 메뉴에서 [Filter] – [Liquify]를 클릭하여 조정 창을 엽니다. 단축키는 [Ctrl] + [Shift] + [X] 입니다.

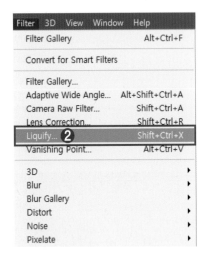

02. 얼굴 인식

❶ 얼굴 툴을 클릭하면 화면에서 는 얼굴 영역에 선이 나타나며 오른쪽 패널의 [Face-Aware Liquify]가 활성화됩니다.

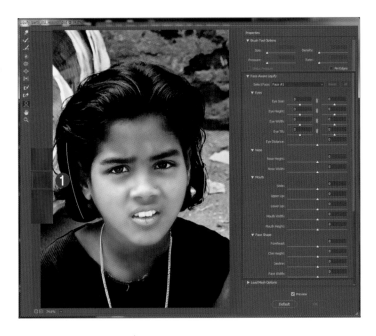

03. 이미지에 직접 조정하기

❶ 얼굴이 인식된 상태에서 이미지 위로 커서를 가져가면 얼굴 형태, 눈, 코, 입 주변으로 가이드 라인이 생깁니다.

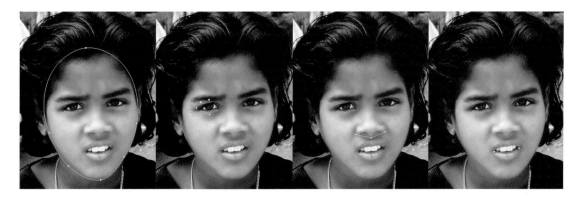

04. 얼굴 형태 조정하기

❶ 얼굴 형태 가이드 라인 위로 커서를 가져가면 커서의 모양이 변합니다. 이 상태에서 클릭 드래그로 얼굴의 좌우 면적을 줄여서 갸름하게 만듭니다.

❷ 이미지 화면에서 얼굴 형을 조정하면 오른쪽 설정에서 Face Width 값과 Jawline 값이 따라 변하는 것을 볼 수 있습니다.

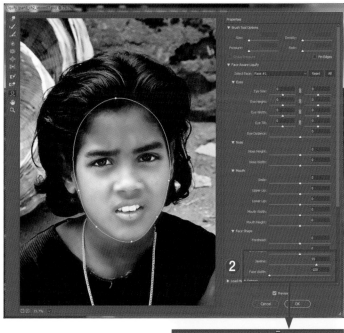

05. 눈 조정하기

이번에는 수치 입력 형태로 눈을 조정하도록 하겠습니다. 눈은 특별한 경우가 아니라면 두 개가 대칭을 이루어 같은 값이 동시에 적용되도록 하는 것이 좋습니다. 따라서 수치를 입력하는 구간 가운데에 있는 링크를 활성화하여 두 값이 동시에 움직이도록 만듭니다. 그리고 다음과 같이 수치를 입력합니다.

❶ 눈의 크기 조정 값 47
❷ 눈의 높이 조정 값 −10
❸ 눈의 너비 조정 값 3
❹ 눈의 기울기 조정 값 0
❺ 눈의 간격 조정 값 0

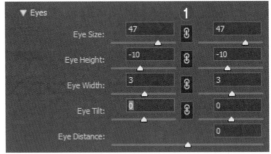

06. 코 조정하기

❶ 코 높이 값 −30
❷ 코 너비 값 −70

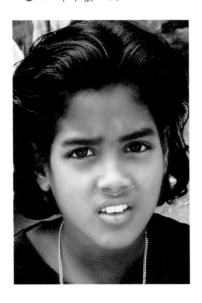
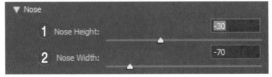

07. 입 조정하기

❶ 입 꼬리 조정(미소) 값 100

❷ 윗입술 두께 값 −35

❸ 아랫입술 두께 값 −19(값이 작을수록 두꺼움)

❹ 입 너비 값 100

❺ 입 높이 값 −89

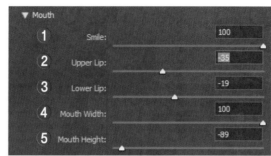

08. 눈썹 수정하기

❶ [Forward Warp Tool]을 선택하여 인상을 쓰고 있어 구부러진 눈썹을 클릭 앤 드래그하여 평평하게 수정합니다.

09. 이마주름 없애기

❶ 툴 바에서 [Spot Healing Brush Tool]을 선택하고 아마 부분에 주름을 클릭하여 제거합니다.

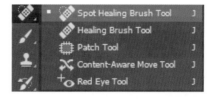

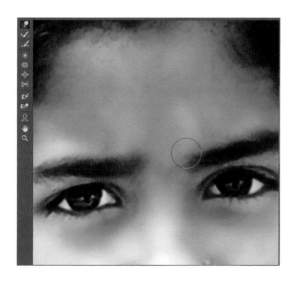

폰 카메라로 찍은 사진으로 증명사진 만들기

인물 사진을 편집할 때 인물과 배경 레이어를 분리하여 각각 사용할 수 있도록 떼어내게 됩니다. 이때 가장 까다로운 부분은 머리카락을 떼어내는 것입니다. 하지만 포토샵의 Select and Mask 기능은 2018 버전부터 기능이 더욱 향상되었습니다. 최상의 가장자리를 인식하여 우수한 마스킹 결과를 가지므로 비교적 쉬운 방법으로 분리가 가능합니다. 이번 실습에서는 이 기능을 이용하여 폰카메라로 찍은 이미지를 증명사진으로 사용할 수 있도록 만들어보겠습니다.

*주 사용 기능: Select and Mask
*예제 파일: part3_ch2_lesson08.PSD
*완성 파일: part3_ch2_lesson08_완성.PSD
*활용도: ★★★★★
*난이도: ★★★

[완성 이미지]

01. 파일 불러오기, 레이어 복사

❶ [File] – [Open]을 선택하여 실습 자료 폴더에서 part3_ch2_
lesson08.PSD 파일을 불러옵니다.

❷ 원본 이미지를 보존하기 위해 [Ctrl] + [J]를 눌러 레이어를
복사합니다.

❸ 레이어 패널 아래에 있는 레이어 생성 아이콘을 누릅니다.
그리고 Background 레이어 위에 새 레이어를 만듭니다.

❹ 툴 바에서 전경색을 (#0078ff)로 설정합니다.

❺ 새로 만든 빈 레이어를 선택하고 [Alt] + [Delete]를 눌러
색을 채웁니다.

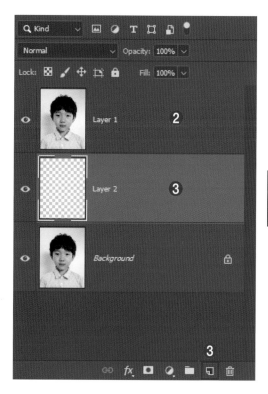

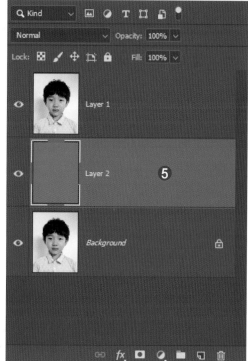

TIP

전경색으로 채우기는 [Alt] + [Delete]나 [Alt] + [Backspace], 배경색으로 채우기는 [Ctrl] + [Delete]나 [Ctrl]
+ [Backspace] 키를 눌러 쉽게 색을 채울 수 있습니다.

전경색 채우기

배경색 채우기

02. 선택하기

❶ 툴 바에서 [Quick Selection Tool]을 선택합니다.

❷ 상단의 옵션 바에서 Size는 60px로 설정합니다.

❸ 인물이 있는 레이어인 Layer 1을 선택하고 드래그하면서 배경 부분을 선택합니다. 단축키 [Alt]나 [Shift]를 눌러 선택적으로 영역을 빼거나 더할 수 있습니다. 이미지가 세부적으로 잘 선택되지 않는 경우엔 브러시 사이즈를 작게 조정해봅니다.

❹ [Ctrl] + [Shift] + [I]를 눌러 선택 부분을 반전하여 인물 부분이 선택되도록 합니다.

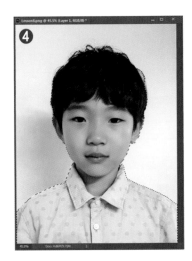

03. Select and Mask 설정하기 1

❶ 선택 영역이 활성화된 상태에서 상단의 옵션 바에 [Select and Mask] 버튼을 클릭합니다.

❷ [Select And Mask] 옵션 창에서 View 섬네일을 클릭합니다.

❸ Onion Skin을 클릭하면 선택한 영역과 선택하지 않은 영역이 구분되어 보입니다.

❹ Transparency를 45%로 설정합니다.

❺ Edge Detection 항목에서 Smart Radius 항목을 체크하고 Radius는 값을 10px로 설정합니다.

TIP

Smart Radius는 자동으로 경계 부분의 값을 조정하며 Radius는 값을 높이면 선택의 경계 부분이 부드러워지고 낮추면 선명해집니다.

04. 가장자리 다듬기

❶ 왼쪽 메뉴 아이콘에서 [Refine Edge Brush Tool]을 선택합니다.

❷ 설정 패널 중 Global Refinements 항목에서 Smooth는 5, Feather는 1.0px, Contrast는 10%, Shift Edge는 −7%로 설정합니다.

❸ 그림의 외곽선 중에서 하얗게 보이는 부분을 위주로 드래그하여 다음 이미지와 같이 하얀 부분이 안 보이도록 다듬어줍니다.

05. 내보내기 설정

❶ 외곽선이 다듬어졌다면 Output Settings 항목에서 Deconta minate Colors를 체크하고 Amount를 50%로 설정합니다.

❷ Output To를 New Layer로 설정하고 [OK]를 눌러 완료합니다.

06. 배경 레이어 만들기

❶ 새로운 레이어에 인물만 있고 배경은 투명한 것을 확인할 수 있습니다.

❷ 파란색으로 채워진 〈Layer 2〉를 선택하고 흰색으로 색을 채웁니다.

❸ 〈Layer 2〉를 앞 단계에서 배경을 잘라낸 〈Layer 1 copy〉레이어 아래로 드래그하여 이동시킵니다.

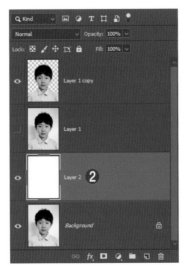
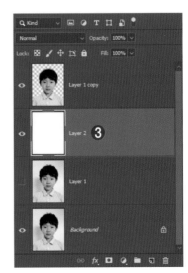

07. 배경 색상 넣기

❶ 흰색으로 채워진 〈Layer 2〉를 더블클릭하여 Layer Style 창을 열어 Gradient Overlay를 선택합니다.

❷ 세부 설정에서 Blend Mode는 Normal로 설정하고 Opacity는 100%, Style은 Linear, Angle은 90도로 설정합니다.

❸ Gradient 항목에서 컬러 바 부분을 클릭하여 창을 엽니다.

❹ [흰색-검은색]의 Gradient를 선택하고 [OK]를 누른 후, Layer Style 창으로 돌아와 [OK]를 눌러 완료합니다.

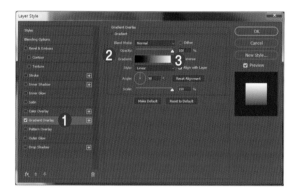  

08. 배경 이미지 응용하기

❶ 앞 단계와 마찬가지로 배경이 되는 이미지에 여러 가지 Gradient의 색상에 변형을 주어 응용할 수 있습니다.

❷ Layer Style 창에서 Gradient 바를 눌러 Gradient Editer 창을 엽니다.

❸ Presets 부분 상단에 설정 아이콘을 클릭하면 포토샵에서 기본적으로 제공하는 Gradient의 색상들을 불러 올 수 있습니다.

❹ 원하는 색상을 선택하여 적용시킵니다.

  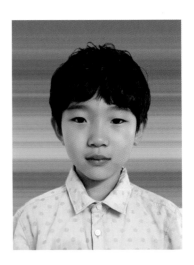

LESSON 09. 이미지의 특정 부분 지우기와 이동하기

마음에 드는 사진이지만 특정 부분에 원하지 않는 이미지가 같이 찍혔거나 공개하면 안 되는 이미지가 포함되어 있는 경우, 그 이미지를 사용하지 못하게 됩니다. 하지만 포토샵의 스탬프 툴을 이용하면 자연스럽게 이미지를 부분적으로 지울 수 있어 유용합니다.

*주 사용 기능: Clone Stamp Tool
*예제 파일: part3_ch2_lesson09.PSD
*완성 파일: part3_ch2_lesson09_완성.PSD
*활용도: ★★★★★
*난이도: ★★

[완성 이미지]

01. 파일 불러오기, 레이어 복사

❶ [File] – [Open]을 선택하여 실습 자료 폴더에서 part3_ch2_lesson09.PSD 파일을 불러옵니다.

❷ 원본 이미지를 보존하기 위해 [Ctrl] + [J]를 눌러 레이어를 복사합니다.

02. 지워질 부분 확인하고 선택하기

❶ 이미지에서 어떤 부분을 삭제할 것인지 확인합니다.

❷ 툴 바에서 [Quick Selection Tool]을 선택합니다.

❸ 드래그하여 삭제할 이미지 부분을 선택합니다. 그림과 같이 지워질 영역이 정확하게 선택되지 않아도 괜찮습니다.

03. 이미지 지우기

❶ 툴 바에서 [Clone Stamp Tool]을 선택합니다.

❷ 이미지에서 지워질 부분을 대체할 곳의 기준점이 되는 부분을 [Alt]를 누른 상태로 그림과 같이 커서가 바뀌면 클릭합니다.

❸ 그림과 같이 지워질 부분을 드래그하면 앞에 선택한 부분으로 칠해집니다.

❹ +표시는 적용되는 기준점을 말합니다. 중간중간 [Alt] + [클릭]으로 새로운 기준점을 만들면서 자연스럽게 적용합니다.

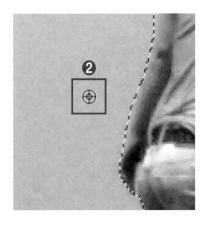

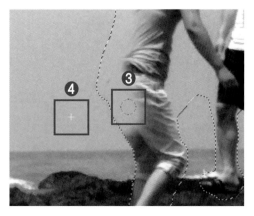

TIP

키보드의 [[ ] 또는 [ ]] 키를 이용하면 브러시의 크기를 크거나 작게 조정할 수 있어 편리합니다.

04. 지운 부분 다듬기

❶ 선택한 부분을 [Clone Stamp Tool]로 모두 지워준 후 [Ctrl] + [D]를 눌러 선택을 해제합니다.

❷ 지워진 외곽 부분에 남아있는 이미지를 이전 단계와 같이 [Clone Stamp Tool]로 지웁니다. 동그라미 친 부분의 두 사람은 지워졌지만 그래도 지워진 부분이 얼룩얼룩하며 자연스럽지 못합니다.

05. 지운 부분 다듬기

❶ 툴 바에서 [Patch Tool]을 선택합니다.

❷ 얼룩얼룩한 부분을 선택합니다.

❸ 선택한 영역의 가운데를 클릭하고 주변에 적용될 부분으로 드래그합니다.

❹ 지운 부분이 자연스럽게 보정되었습니다.

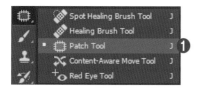

06. 이미지 지우고 다듬기

❶ 왼쪽의 사람도 같은 방법으로 지웁니다.

07. 부분 이동하기

❶ 가운데에 있는 아이를 왼쪽으로 조금 이동하려고 합니다. 먼저 툴 바에서 [Content-Aware Move Tool]을 선택합니다.

❷ 자연스럽게 이동할 수 있도록 아이와 그림자를 함께 선택합니다.

❸ 왼쪽으로 이동하고 [Enter]를 누릅니다.

❹ [Ctrl] + [D]를 눌러 선택 해제하여 완료합니다.

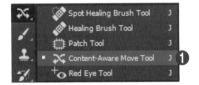

토이 카메라로 찍은 듯한 미니어처 사진 만들기

몇 해 전, 유명 의류 광고에 응용된 후로도 다양하게 활용되었던, 토이 카메라로 촬영한 듯한 이미지는 우리가 사는 세상을 먼 곳에서 들여다보는 듯하여 판타지적인 느낌을 연출합니다. 이번 예제에서는 여행 사진에 Tilt-Shift 필터를 적용하여 미니어처 효과를 만들어보겠습니다.

*주 사용 기능: Levels, Hue/Saturation, Unsharp Mask, Tilt-Shift
*예제 파일: part3_ch2_lesson10.PSD
*완성 파일: part3_ch2_lesson10_완성.PSD
*활용도: ★★★
*난이도: ★★★

[완성 이미지]

01. 파일 불러오기, 레이어 복사

❶ [File] – [Open]을 선택하여 실습 자료 폴더에서 part3_ch2_lesson10.PSD 파일을 불러옵니다.
❷ 원본 이미지를 보존하기 위해 [Ctrl] + [J]를 눌러 레이어를 복사합니다.

02. Levels 조정

❶ 상단 메뉴 [Image] – [Adjustments] – [Levels]를 선택하거나 단축키 [Ctrl] + [L]을 눌러 창을 엽니다.

❷ 이미지를 선명하고 밝게 만들기 위해 Input Levels의 슬라이더를 직접 움직이거나 그림과 같이 수치를 1.25, 212로 입력하여 조정합니다.

03. 채도 높이기

❶ 상단 메뉴 [Image] – [Adjustments] – [Hue/Saturation]을 선택하거나 단축키 [Ctrl] + [U]을 눌러 창을 엽니다.

❷ Saturation의 슬라이더를 움직이거나 수치를 70으로 입력하여 채도를 높여 선명하게 만듭니다.

04. 선명하게 만들기

❶ 상단 메뉴 [Filter] – [Sharpen] – [Unsharp Mask]를 선택하여 창을 엽니다.

❷ Amount 값은 70%, Radius 값은 5.0 Pixels, Threshold 값은 5 Levels로 입력하고 [OK]를 눌러 완료합니다.

❸ 선명하게 만든 이미지를 [Ctrl] + [J]를 눌러 레이어를 복사해둡니다.

05. Tilt-Shift 열기

❶ 앞 단계에서 복사한 레이어를 선택하고 상단 메뉴 [Filter] – [Blur Gallery] – [Tilt Shift]를 클릭합니다.

❷ 이미지 화면에는 화면에서 클릭과 드래그로 조정할 수 있도록 점선, 실선, 조절점, 원형 그래프가 나타납니다.

❸ 작업 화면 오른쪽에 Blur Tools 패널과 Blur Effect 패널이 나타납니다.

06. Tilt-Shift 조정하기

❶ 실선 안쪽에서 클릭 드래그하여 중심을 이동시킬 수 있습니다.

❷ 아래로 클릭 드래그하여 중심을 시선의 맨 앞에 있는 건물 쪽(아래쪽)으로 이동시킵니다.

▶ TIP

점선과 실선으로 이루어진 가이드 라인은 그림과 같이 Blur 효과가 적용되는 방법과 영역을 말합니다. 선 가까이로 커서를 가져가면 클릭과 드래그로 영역을 확장시키거나 축소할 수 있습니다. 또한 실선영역 가운데 점 주변으로 커서를 가져가면 커서의 모양이 바뀝니다. 이때 클릭과 드래그를 이용해 회전할 수 있습니다.

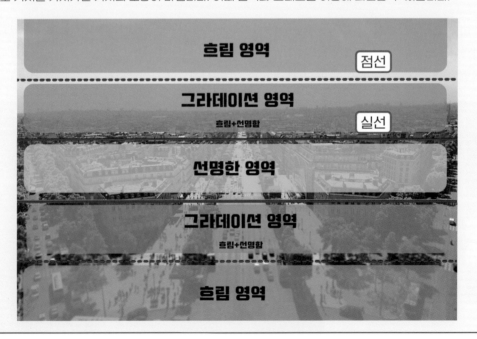

07. Tilt-Shift 조정하기

❶ 가운데에 있는 원형 그래프에서 흰색으로 표시된 부분을 클릭 드래그하여 Blur의 수치를 조정하거나 [Blur Tool]에서 Blur값을 8px로 입력합니다.

❷ 설정이 끝났다면 상단의 옵션 바에서 [OK]를 클릭하거나 [Enter]를 눌러 완료합니다.

TIP
되돌리기 아이콘을 클릭하여 설정 이전 단계로 돌아갈 수 있습니다.

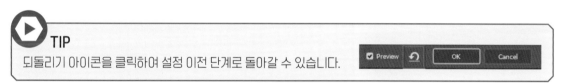

08. 흐림 효과 추가하기

❶ 툴 바에서 [Blur Tool]을 선택합니다.

❷ 상단의 옵션 바에서 브러시 드롭다운 메뉴를 엽니다. 브러시의 종류는 [부드러운 원]을 선택하고 크기는 400px로 설정합니다.

❸ 이미지의 좌우 끝부분을 위주로 드래그하여 흐림 효과를 추가합니다. 반복해서 드래그할수록 흐림 효과가 강해집니다.

보케 효과로 감성 사진 만들기

카메라의 조리개를 최대로 열고 촬영하면 배경이 흐려지면서 중심이 되는 인물이나 사물이 돋보이게 됩니다. 이러한 기능에서 빛 망울을 이용하면 단순한 흐림 효과보다 더욱 다채로운 느낌으로 화려하게 연출할 수 있습니다.

*주 사용 기능: Iris Blur, Bokeh
*예제 파일: part3_ch2_lesson11.PSD
*완성 파일: part3_ch2_lesson11_완성.PSD
*활용도: ★★★
*난이도: ★★★★

[완성 이미지]

01. 파일 불러오기, 레이어 복사

❶ [File] – [Open]을 선택하여 실습 자료 폴더에서 part3_ch2_lesson11.PSD 파일을 불러옵니다.

❷ 원본 이미지를 보존하기 위해 [Ctrl] + [J]를 눌러 레이어를 복사합니다.

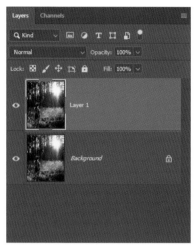

02. 새 레이어 만들기, 색 채우기

❶ 새 레이어를 만들고 앞서 복사한 이미지 레이어 아래에 드래그하여 이동시킵니다.

❷ 툴 바에서 전경색을 선택합니다.

❸ 왼쪽 색상 부분에서 클릭으로 그림에서 선택한 색상(#0e9700)과 같이 채도가 높은 색을 선택하고 [OK]를 눌러 완료합니다.

❹ [Alt] + [Delete]를 눌러 전경색을 채워 넣습니다.

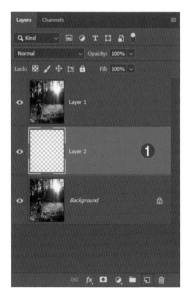
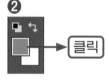

TIP

❶ 색상을 선택할 때에는 먼저 오른쪽 세로로 된 바에서 슬라이더를 움직여 색조를 선택합니다.

❷ 색조에 따라 왼쪽에 명도와 채도를 선택할 수 있는 부분에서 클릭하여 색상을 선택할 수 있습니다.

❸ 선택된 색상의 고유 번호는 #으로 시작하는 6자리 숫자와 알파벳 혼합으로 이루어져 있습니다. 여러 곳에 동일하게 색상을 사용하고 싶다면 고유 번호를 기억해두면 편리합니다.

03. 인물 분리하기

❶ 툴 바에서 [Quick Selection Tool]을 선택합니다.

❷ 이미지 레이어를 선택한 후 인물 부분 영역을 드래그하여 선택합니다.

❸ 상단의 옵션 바에서 [Select and Mask]를 선택합니다.

❹ 옵션 창에 섬네일을 클릭하여 View Mode는 Onion Skin으로 선택하고 Transparency는 50%로 설정합니다.

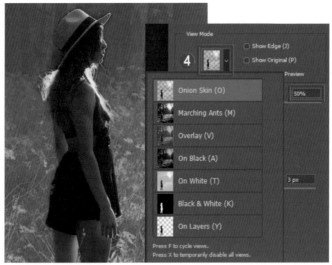

❺ Global Refinements 항목에서 Smooth는 3, Feather은 1.0px, Contrast와 Shift Edge는 0으로 설정합니다.

❻ 왼쪽 툴 바에서 [Refine Edge Brush Tool]을 선택합니다.

❼ 이미지의 외곽선 부분을 드래그하여 부드럽게 만듭니다.

❽ 옵션 창의 맨 아래 Output Settings에서 Output To를 클릭하여 New Layer을 선택한 후 [OK]를 눌러 완료합니다.

❾ 인물만 따로 있는 레이어가 만들어졌습니다.

❿ 앞서 초록색으로 색을 채운 레이어는 이제 필요 없으므로 삭제합니다. 레이어를 선택하고 하단 휴지통 아이콘을 클릭하면 대화상자가 나오면 [Yes]를 눌러 삭제합니다.

04. 색감 보정하기

❶ 새 레이어를 만들고 인물 레이어 아래에 위치시킵니다.

❷ 툴 바에서 전경색을 선택하고 옵션 창에서 색상 번호를 (#676717)로 입력하고 [OK]를 눌러 선택합니다.

❸ 앞서 새로 만든 레이어를 선택하고 [Alt] + [Delete]를 눌러 색을 채웁니다.

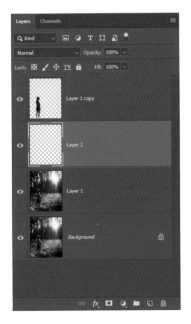

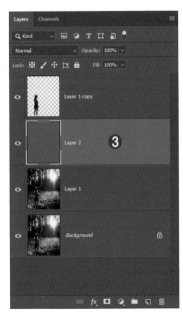

❹ 레이어 패널에서 하단 아이콘 중 [Add layer mask] 버튼을 클릭합니다.

❺ 툴 바에서 [Gradient Tool]을 선택하고 상단의 옵션 바에서 색상은 흰색과 검은색으로, 모양은 직선 형으로 선택합니다.

❻ 작업 화면에서 그림과 같이 상단에서 클릭하여 아래로 드래그하여 Gradation을 만듭니다.

❼ Gradation 마스크가 적용되어 윗부분에만 색상이 보입니다.

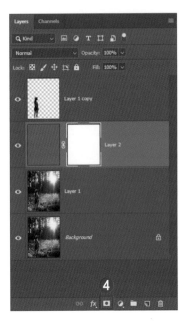

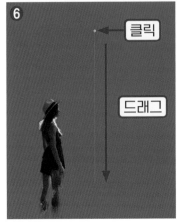

❽ 레이어 패널 상단에서 레이어의 Blending Mode를 Overlay로 선택하여 바꿉니다.

❾ [Shift]를 누른 상태로 이미지 레이어와 마스크를 적용한 레이어를 동시에 선택합니다.

❿ 패널 상단에 있는 레이어 옵션 메뉴를 클릭하고 [Merge Layers]를 선택하거나 단축키 [Ctrl] + [E]를 눌러 레이어를 병합합니다.

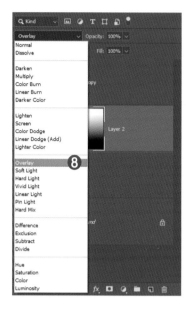

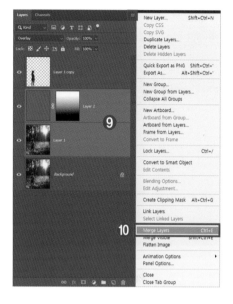

05. Iris Blur 넣기

❶ 앞에서 색을 보정하고 병합한 레이어를 [Ctrl] + [J]를 눌러 복사합니다.

❷ 상단 메뉴에서 [Filter] - [Blur Galley] - [Iris Blur]를 선택하면 그림과 같이 작업 창의 가이드 라인과 옵션 창이 나타납니다.

❸ 작업 창의 원형 가이드 라인에 커서를 가져가면 커서의 모양이 변하면서 회전하거나 크기를 바꾸거나 기준점을 바꿀 수 있습니다.

❹ 작업 창의 원형 가이드 라인에 커서를 가져가면 커서의 모양이 변하면서 회전하거나 크기를 바꾸 거나 기준점을 옮길 수 있습니다. 그림과 같이 인물 주변으로 기준점을 옮기고 적용 범위의 크기 와 모양도 늘려줍니다.

❺ Blur 수치는 옵션 패널에서 10px로 설정하고 상단의 옵션 바에서 [OK]를 눌러 완료합니다.

06. Bokeh 효과를 적용하기

❶ 툴 바에서 [Lasso Tool]을 선택하고 상단 옵션 메뉴에서 Feather 값을 5px로 설정합니다.

❷ 작업 화면에서 그림과 같이 밝은 톤과 어두운 톤이 섞여있는 부분을 선택합니다.

❸ 선택한 상태로 [Ctrl] + [J]를 눌러 복사합니다.

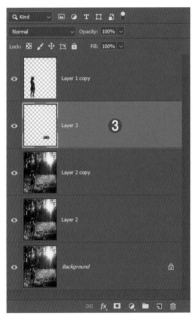

❹ 복사한 레이어를 선택하고 [Ctrl] + [T]를 누르면 조절점이
있는 가이드 라인이 생깁니다. 드래그하여 위치를 위쪽으로
이동시키고 사방에 있는 점을 클릭 드래그하여 그림과 같이
크기를 크게 조정합니다. 조정한 후에는 [Enter]를 눌러 완
료합니다.

❺ 상단 메뉴에서 [Filter] – [Blur Galley] – [Field Blur]를 선
택합니다.

❻ 옵션 패널에서 [Field Blur]에서 Blur 값을 30px로 설정합니다.

❼ Effects 패널에서 Bokeh에서 Light Bokeh 값은 70%, Bokeh Color 값은 12%로 설정하고 상단
옵션 메뉴에서 [OK]를 눌러 완료합니다.

❽ 보케 효과가 적용된 레이어를 선택하고 레이어의 Blending Mode를 Screen으로 변경합니다.

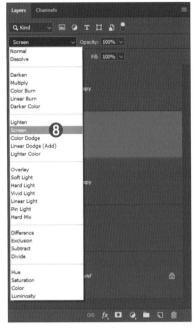

07. 마무리하기

❶ 툴 바에서 지우개 툴을 선택하고 상단 옵션 패널에서 브러시는 [부드러운 원] 브러시를 선택합니다. Opacity는 15%로 설정하여 강하게 표현된 부분을 자연스럽게 지웁니다.

TIP
마무리 단계에서 지우개로 지워 약하게 만든 과정은
결과에 따라 생략해도 좋습니다.

오래된 종이에 인쇄된 듯한 사진 만들기

요즘 디자인 트렌드 중에서 레트로 감성을 반영한 이미지를 흔히 볼 수 있습니다. 이것은 과거 8090년대 유행했던 스타일을 만들거나 디지털 기기로는 표현하기 어려운 아날로그 인쇄물 느낌을 컨셉으로 하는 이미지들을 말합니다. 이번 예제는 이러한 아날로그적인 감성의 오래된 사진과 같은 이미지를 필터를 사용하여 만들어보도록 하겠습니다.

*주 사용 기능: Filter Gallery
*예제 파일: part3_ch2_lesson12.PSD
*완성 파일: part3_ch2_lesson12_완성.PSD
*활용도: ★★★★★
*난이도: ★★

[완성 이미지]

01. 파일 불러오기, 레이어 복사

❶ [File] – [Open]을 선택하여 실습 자료 폴더에서 part3_ch2_lesson12.PSD 파일을 불러옵니다.
❷ 원본 이미지를 보존하기 위해 [Ctrl] + [J]를 눌러 레이어를 복사합니다.

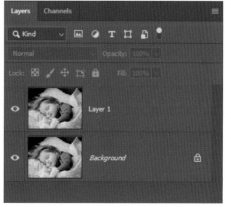

02. Solid Color 레이어 만들기

❶ 레이어 패널에서 Background 레이어를 선택하고 아래쪽 아이콘 중에서 [Create new fill or adjust ment layer] 아이콘을 클릭하여 드롭다운 메뉴 중에서 [Solid Color]를 선택합니다.

❷ [Color Picker] 창에서 색상을 (#9c936f)로 선택합니다(비슷한 색상을 선택해도 괜찮습니다).

❸ [OK]를 눌러 완료합니다.

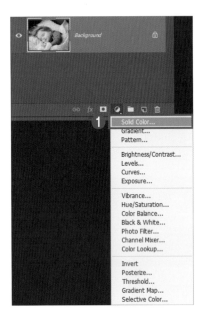
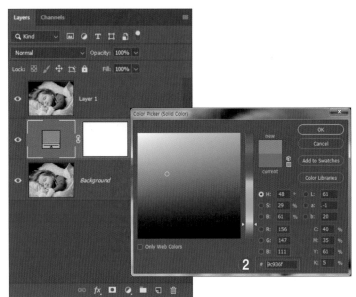

03. 필터 적용하기

❶ 복사한 Layer 1을 선택합니다.

❷ 상단 메뉴에서 [Filter] – [Filter Gallery]를 선택합니다.

❸ 옵션 창에서 [Stylize]를 클릭한 후 [Glowing Edges]를 선택합니다.

❹ 세부 옵션에서 Edge Width 값은 2, Edge Brightness는 10, Smoothness는 12로 설정합니다.

❺ [OK]를 눌러 완료합니다.

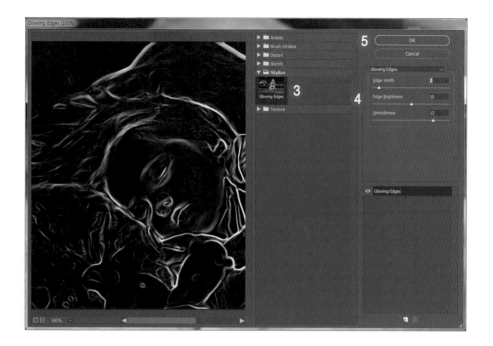

04. 흑백으로 만들고 반전하기

❶ 앞 단계에서 필터를 적용한 레이어를 선택하고 흑백 단축키 [Ctrl] + [Shift] + [U]를 이용하여 흑백으로 만듭니다.

❷ 같은 레이어에 단축키 [Ctrl] + [I]를 눌러 색상을 반전합니다.

❸ 레이어 패널에서 해당 레이어의 Fill 값을 20%으로 설정합니다.

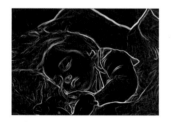

❶ 흑백[Ctrl] + [Shift] + [U]

❷ 반전 [Ctrl] + [I]

05. 흑백 레이어 만들기

❶ Background 레이어를 선택하고 단축키 [Ctrl] + [J]를 눌러 레이어를 복사합니다.

❷ 복사한 레이어를 드래그하여 위치를 맨 위로 이동시킵니다.

❸ 흑백 [Ctrl] + [Shift] + [U] 단축키를 이용하여 흑백으로 만듭니다.

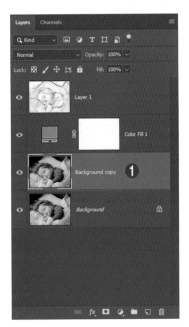  

06. Noise 필터로 자연스러운 느낌 추가하기

❶ 상단 메뉴에서 [Filter] – [Noise] – [Add Noise]를 선택하여 옵션 창을 엽니다.

❷ Amount 값을 6으로 설정합니다.

❸ Distribution을 Gaussian을 선택하고 Monochromatic을 클릭하여 체크합니다.

❹ [OK]를 눌러 완료합니다.

07. 마스크 레이어 만들고 브러시 선택

❶ 레이어 패널 하단 아이콘 중에서 [Add a Mask] 아이콘을 [Alt]를 누른 상태로 클릭하여 반전 마스크를 만듭니다.

❷ 툴 바에서 [Brush Tool]을 선택합니다.

❸ 상단의 옵션 바에서 Brush Preset Picker를 클릭합니다.

❹ 브러시 중에서 Impressionist 폴더에 French Sharp Block 브러시를 선택합니다(비슷한 형태의 다른 브러시를 선택해도 좋습니다).

❺ 브러시 사이즈는 150으로 설정합니다.

❻ 상단 옵션 메뉴에서 Mode는 Normal로 선택하고 Opacity는 15%로 설정합니다.

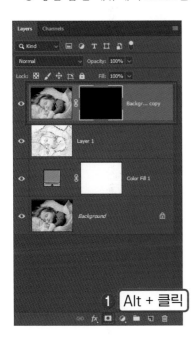

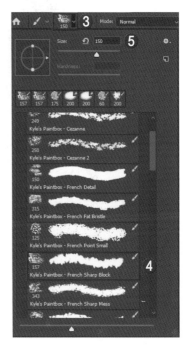

TIP
예제의 브러시가 설치되어 있지 않다면 260페이지의 '브러시 설치하기'를 참조하세요.

08. 브러시로 질감 나타내어 완성하기

❶ 레이어 패널에서 마스크의 레이어 부분을 선택합니다.

❷ 툴 바에서 전경색을 흰색으로 설정합니다.

❸ 작업 화면에서 아기 얼굴을 중심으로 클릭과 드래그 하는 방법으로 하위 레이어가 보이도록 흰색을 칠합니다.

❹ 중심이 되는 아기 얼굴 부분을 위주로 반복적으로 칠하여 완성합니다.

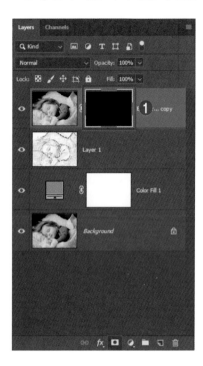

LESSON 13. 창가에 맺힌 물방울 표현하기

여러 가지 이미지를 혼합하여 사용할 때에는 레이어의 Blending Mode를 많이 활용합니다. 그럴 때에는 이미지의 전체를 사용하기도 하지만 필요한 부분만 선택하여 사용하기도 하며, 이미지의 선택 부분에 대한 경계의 처리가 매우 중요합니다. 이번 예제에서는 이미지에서 필요한 부분만을 선택한 후 레이어의 Blending Mode를 이용하여 두 개의 이미지를 합성해보도록 하겠습니다.

*주 사용 기능: Polygonal Lasso Tool, Quick Selection Tool, Gaussian Blur
*예제 파일: part3_ch2_lesson13.PSD, part3_ch2_lesson13_b.JPG
*완성 파일: part3_ch2_lesson13_완성.PSD
*활용도: ★★★★★
*난이도: ★★★

[완성 이미지]

01. 파일 불러오기, 레이어 복사

❶ [File] – [Open]을 선택하여 실습 자료 폴더에서 part3_ch2_lesson13.PSD 파일을 불러옵니다. 원본 이미지를 보존하기 위해 [Ctrl] + [J]를 눌러 레이어를 복사합니다.

02. 가까이 있는 부분 분리하기

❶ 툴 바에서 [Polygonal Lasso Tool]을 선택합니다.

❷ 작업 화면에서 테이블 부분을 직선 형태로 선택하기 위해 그림과 같은 순서대로 클릭하여 선택합니다. 마지막에 처음 클릭한 지점으로 커서를 옮기면 커서의 모양이 바뀝니다. 이 상태에서 클릭하여 선택 영역을 완료합니다.

> **TIP**
>
> Polygonal Lasso Tool은 클릭을 하는 지점을 직선으로 연결하여 선택의 범위를 지정합니다. Lasso Tool(자유 선택 툴)의 사용이 서툴거나 직선 형태의 범위를 선택하는 경우에 유용합니다.

❸ 툴 바에서 [Quick Selection Tool]을 선택합니다.

❹ 앞 단계에서 선택한 영역에 추가로 선택하기 위해 [Shift]를 누르고 주전자의 손잡이 부분과 뚜껑 부분을 선택합니다.

❺ 원하는 영역보다 넓게 선택되었을 경우에는 [Alt]를 누르고 선택하면 추가하려던 영역이 제외됩니다. 그림과 같이 테이블과 주전자 영역을 모두 선택합니다.

03. 배경 흐리게 하기

❶ 앞 단계에서 선택한 채로 [Ctrl] + [J]를 눌러 선택한 영역을 복사합니다.

❷ 복사한 레이어 섬네일 위에서 [Ctrl]을 누른 상태로 클릭하여 레이어를 영역으로 선택합니다.

❸ 전체 이미지가 있는 레이어를 선택하고 [Delete]를 눌러 주전자와 테이블 부분을 삭제합니다.

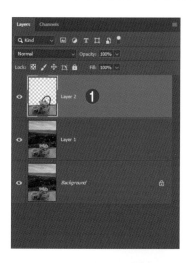

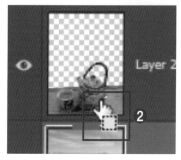

▶ TIP

레이어 패널의 섬네일 위에서 Ctrl을 누른 상태로 클릭하면 해당 레이어에 속해 있는 모든 부분이 선택됩니다. 또한 그림과 같이 여러 개의 레이어에 속한 부분을 동시에 선택하려면 [Ctrl] + [Shift] + [섬네일 클릭]을 하면 됩니다. 그중 빼고 싶은 부분은 [Ctrl] + [Alt] + [섬네일 클릭]을 하면 해당 레이어 부분은 선택에서 제외됩니다.

❹ 배경 레이어를 선택하고 상단 메뉴에서 [Filter] – [Blur] – [Gaussian Blur]를 선택합니다. 옵션 창에서 Radius를 6.0 Pixels로 설정하고 [OK]를 눌러 완료합니다.

04. 근경을 선명하게 보정하기

❶ 주전자 레이어를 선택하고 [Ctrl] + [L]을 눌러 Levels 창을 엽니다. Input Levels를 그림과 같이 20, 1.00, 210으로 설정하여 선명하게 만듭니다.

❷ [Ctrl] + [B]를 눌러 Color Balance를 엽니다. Midtones의 Color Levels는 −10, +10, +25로 설정하고 Highlights는 −15, 0, −15로 설정합니다.

05. 물방울 사진 불러오기

❶ part3_ch2_lesson13_b.jpg 파일을 불러옵니다. 작업 창에서 드래그하여 이전 이미지로 복사해 이동시킵니다.

❷ 레이어 순서를 주전자 레이어 아래로 이동시킵니다.

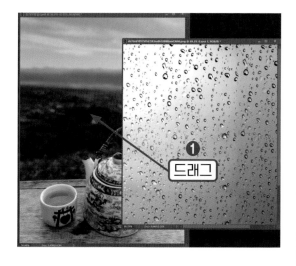

06. Blending Mode 바꾸기

❶ Layer 1을 [Ctrl] + [T]를 눌러 [Free Transform]을 실행하고, 여백이 없도록 화면에 맞춥니다.

❷ Layer 1의 Blending Mode를 Hard Light로 바꿉니다.

07. 밝기 조정하기

❶ Layer 1을 선택하고 [Ctrl] + [L]을 눌러 Levels 창을 엽니다. Output Levels의 값을 어두운 부분은 45, 밝은 부분은 190으로 입력하여 대비를 줄입니다.

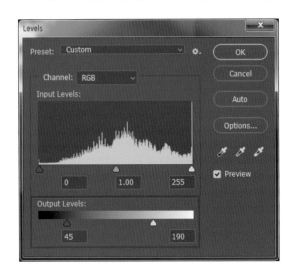

08. 선명하게 하기, 흐리게 하기

❶ 앞쪽에 있는 이미지를 선명하게 만들기 위해 툴 바에서 [Sharpen Tool]을 선택합니다.

❷ 주전자의 가장 앞쪽에 있는 부분을 중심으로 드래그하여 문지릅니다.

Sharpen 적용

❸ 물방울 이미지를 흐리게 만들기 위해 툴 바에서 [Blur Tool]을 선택합니다.

❹ Layer 1을 선택하고 외곽 부분을 중심으로 드래그하여 흐릿하게 만들어 완료합니다.

Blur 적용

LESSON 14. 홍보용 웹포스터 만들기

앞선 예제와 마찬가지로 이미지를 합성할 때 여러 가지 Layer Blending Mode를 사용하는데 이번에는 Color를 사용해보도록 하겠습니다. 또한 이미지를 합성할 때 한 이미지에서 톤과 색상만 적용시킬 수 있는 방법을 익혀볼 것입니다. 이 방법은 앞으로도 다양하게 응용할 수 있을 것입니다.

*주 사용 기능: Align and Distribute, Desaturate, Hue/Saturation
*예제 파일: part3_ch2_lesson14_a.jpg, part3_ch2_lesson14_b.jpg, part3_ch2_lesson14_c.jpg
*완성 파일: part3_ch2_lesson14_완성.PSD
*활용도: ★★★★★
*난이도: ★★★

[완성 이미지]

01. 새 파일 만들기

❶ [File] - [New]를 선택하거나 [Ctrl] + [N]를 눌러 New Document 창을 열고 상단에 있는 [Web] 을 선택합니다.

❷ [Web] 아래에 보이는 웹용 파일의 기본 사이즈들 중에서 Web Medium 1440×900px@72PPI를 선택합니다.

❸ 파일명을 클릭하여 [웹포스터 만들기]라고 입력합니다.

❹ [Orientation]은 세로 비례를 선택하고 [Artboards]에 체크는 클릭하여 해제합니다.

❺ [Create] 버튼을 클릭하여 새 파일을 생성합니다.

 TIP

포토샵에서는 새 파일을 만들 때 기본적으로 많이 사용하는 사이즈 템플릿들을 제공합니다. 이와 같이 상단에 사진 규격, 프린트 규격, 웹 규격, 모바일 규격, 필름과 비디오 규격으로 나뉘어 있습니다. 만약 해당 규격과 다른 사이즈가 필요한 경우에는 오른쪽 설정에서 직접 사이즈를 입력해서 만들 수 있습니다.

02. 파일 불러오기

❶ [File] – [Open]을 선택하거나 [Ctrl] + [O]를 눌러 실습 자료 폴더에서 part3_ch2_lesson14_a. jpg 파일을 불러온 후 앞서 만든 새 파일에 드래그하여 이동시킵니다.

❷ 툴 바에서 [Move Tool]을 선택하고 상단의 옵션 바에서 Align and Distribute를 클릭합니다.

❸ 세부 옵션 메뉴에서 Align To를 Canvas로 선택합니다.

❹ 가로 정렬, 세로 정렬 아이콘을 한 번씩 클릭하여 이미지를 화면에 맞춥니다.

03. 흑백으로 만들고 톤 조절하기

❶ 고양이 레이어를 선택하고 [Ctrl] + [J]를 눌러 레이어를 복사합니다.

❷ 상단 메뉴에서 [Image] – [Adjustments] – [Desaturate]를 선택하여 이미지를 흑백으로 만듭니다.

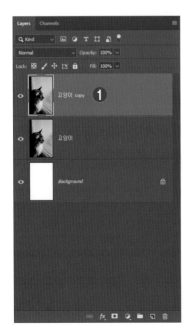

❸ 상단 메뉴에서 [Image] – [Adjustments] – [Levels]를 선택하거나 단축키 [Ctrl] + [L]을 눌러 Levels 옵션 창을 엽니다.

❹ Input Levels에서 35, 1.00, 230을 입력하고 [OK]를 눌러 완료합니다.

04. 파일 불러오기

❶ [File] – [Open]을 선택하거나 [Ctrl] + [O]를 눌러 실습 자료 폴더에서 part3_ch2_lesson14_b. jpg 파일을 불러온 후 앞서 만든 파일에 드래그하여 이동시킵니다.

❷ 상단의 옵션 바에서 Align and Distribute를 클릭합니다.

❸ 세부 옵션 메뉴에서 Align To를 Canvas로 선택합니다.

❹ 가로 정렬, 세로 정렬 아이콘을 한 번씩 클릭하여 이미지를 화면에 맞춥니다.

05. 레이어의 Blending Mode 바꾸고 톤 조절하기

❶ 레이어 패널에서 앞서 불러온 풍경 이미지인 Layer 1을 선택하고 Blending Mode를 Screen으로 바꿉니다.

❷ Layer 1을 선택하고 단축키 [Ctrl] + [L]을 눌러 Levels 옵션 창을 열고 Output Levels에서 밝은 톤의 값을 130으로 입력한 후 [OK]를 눌러 완료합니다.

06. 색상 입히기

❶ [File] – [Open]을 선택하거나 [Ctrl] + [O]를 눌러 실습 자료 폴더에서 part3_ch2_lesson14_c. jpg 파일을 불러옵니다.

❷ 상단 메뉴에서 [Filter] – [Blur] – [Gaussian Blur]를 선택하여 옵션 창을 열고 Radius 값을 65 로 입력합니다.

❸ 드래그하여 고양이 이미지가 있는 작업 창으로 옮기고 이전 단계와 동일하게 Align and Distribute 에서 가로, 세로 정렬하여 캔버스에 맞춥니다.

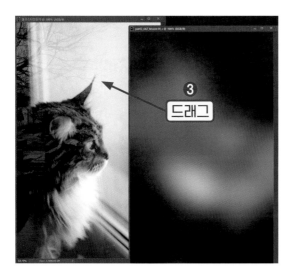
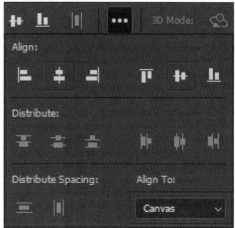

07. 레이어의 Blending Mode 바꾸고 채도 조절하기

❶ 레이어 패널에서 앞서 불러온 Layer 2를 선택하고 Blending Mode를 Color로 바꿉니다.

❷ 채도가 다소 높아 보이므로 Saturation 값을 낮출 것입니다. 상단 메뉴에서 [Image] – [Adjust ments] – [Hue/Saturation]를 선택하거나 단축키 [Ctrl] + [U]를 눌러 옵션 창을 엽니다. 옵션 창에서 Saturation 값을 −40으로 입력합니다.

08. 밑색 넣기

❶ 레이어 패널에서 하단의 [Create a new layer] 아이콘을 클릭하여 Layer 3을 만들고, Layer 2 아래
로 위치를 이동시킵니다.

❷ 툴 바에서 전경색을 클릭하고 Color Picker 창에서 색상 번호(#a1d6c1)을 입력하고 [OK]를 클릭해 완
료합니다.

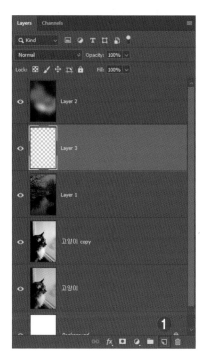

> **TIP**
> 레이어 패널의 하단에서 [Create a new layer] 아이콘을 클릭하면
> 현재 선택한 레이어 위쪽에 새 레이어가 생성됩니다.

❸ 앞에서 만든 Layer 3을 선택하고 [Alt] + [Delete]를 눌러 전경색으로 채웁니다.

❹ 레이어의 Blending Mode는 Color로 선택합니다.

❺ 맨 위에 있는 컬러 레이어를 선택하고 Fill을 80%로 조정합니다.

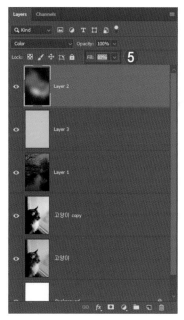

09. 제목 텍스트 넣기

❶ 툴 바에서 [Horizontal Type Tool]을 선택합니다.

❷ 상단의 옵션 바에서 폰트를 선택하고 굵기는 Extra Bold로 설정합니다.

❸ 폰트 사이즈는 72pt로 선택합니다.

❹ 글자의 색상값은 (#287764)로 선택합니다.

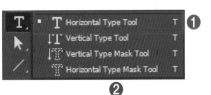

TIP. 글자의 색상을 지정하는 방법

글자의 색상값은 그림에 표시된 부분을 클릭하여 [Color Picker] 창에서 자유롭게 선택합니다. 자세한 방법은 다음 파트에 나오는 Type Tool에서 다룰 것입니다.

TIP

폰트는 포토샵에서 기본적으로 제공하는 것들이 드롭다운 메뉴에 나타나며 클릭하여 선택할 수 있습니다. 또한 다운받은 폰트를 설치하여 다양한 스타일의 폰트를 사용할 수 있습니다. 그러나 무료 폰트를 사용할 때에는 저작권의 범위를 꼭 확인하고 사용하는 것이 좋습니다.

10. 내용 텍스트 넣기

앞의 방법과 동일하게 내용 텍스트도 넣습니다. 글 덩어리 모양에 따라 레이어를 구분하여 넣으면 위치나 정렬방식을 설정하기 용이합니다(텍스트와 폰트에 대한 자세한 내용은 Part 4에서 다루겠습니다).

\ *MEMO* \

SNS

×

YOUTUBE

×

PHOTOSHOP

CHAPTER
/
01
주요 기능 살펴보기
—
02
예제를 통한 응용력 기르기

PART 04

알아놓으면 유용한 텍스트 기반의 디자인

CHAPTER 01

주요 기능 살펴보기

LESSON 01. ## Type Tool(문자 툴)

텍스트 입력하기

Horizontal Type Tool은 가로 텍스트를 입력할 때 쓰이는 가장 기본적인 문자 입력 툴이며, 세로로 입력할 때는 Vertical Type Tool을 사용합니다. 입력한 문자의 선택 영역만 사용할 때, 가로 방향은 Horizontal Type Mask Tool, 세로 방향은 Vertical Type Mask Tool을 사용합니다.

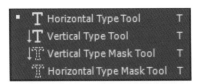

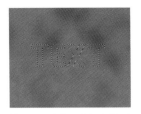
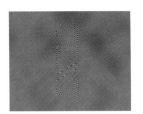

Horizontal Type Tool　　Vertical Type Tool　　Horizontal Type Mask Tool　　Vertical Type Mask Tool

Path 테두리에 텍스트 입력하기

Pen Tool이나 Shape Tool로 생성한 Path의 테두리를 따라 텍스트가 입력되도록 할 수 있습니다.

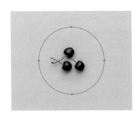
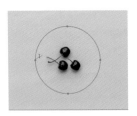

Type Tool의 옵션 바

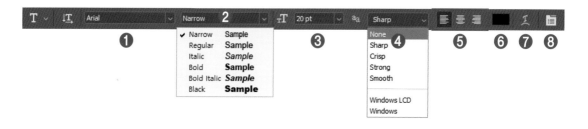

❶ **폰트**: 폰트의 종류를 선택합니다.

❷ **폰트 스타일**: 폰트의 스타일(Regular, Italic, Bold, Bold Italic 등)을 설정합니다.

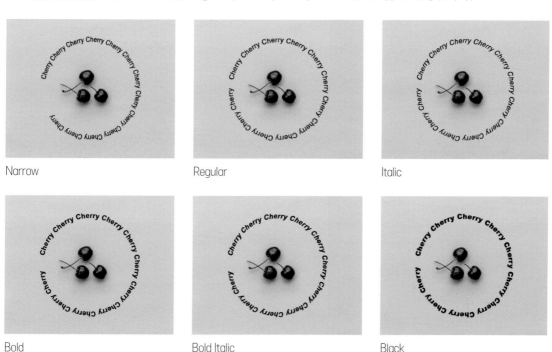

Narrow

Regular

Italic

Bold

Bold Italic

Black

❸ **폰트 크기**: 폰트의 크기를 설정합니다.

❹ **Anti-Alias**: 텍스트 이미지의 가장자리를 부드럽게 처리하는 옵션입니다.

- None: 텍스트의 가장자리가 거칠게 처리됩니다.
- Sharp: 텍스트의 가장자리가 선명하게 처리됩니다.
- Crisp: 텍스트의 가장자리가 깨끗하게 처리됩니다.
- Strong: 텍스트의 가장자리가 Crisp보다 더 강하게 적용되어, 더 굵고 선명하게 처리됩니다.
- Smooth: 텍스트의 가장자리가 부드럽게 처리됩니다.

❺ **문단 정렬**: 문단을 왼쪽, 가운데, 오른쪽으로 붙여 정렬합니다.

❻ **Color**: 폰트의 색상을 설정해줍니다.

❼ **Warped Text**: 텍스트의 모양을 다양한 형태로 왜곡시킬 수 있습니다.

❽ **Character와 Paragraph 패널 열기**: 클릭하면 Character와 Paragraph 패널을 열 수 있습니다.

Character 패널과 Paragraph 패널

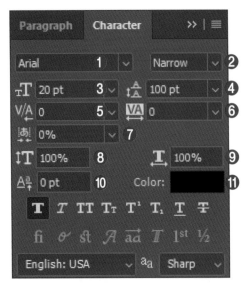

1. Character 패널

❶ 텍스트의 종류를 선택합니다.

❷ 텍스트의 스타일을 선택합니다.

❸ 텍스트의 크기를 선택합니다.

❹ 행과 행 사이의 간격을 조절합니다.

❺ 마우스 커서가 위치한 텍스트의 간격을 조절합니다.

❻ 드래그로 선택한 텍스트의 간격을 조절합니다.

❼ 텍스트의 폭을 설정합니다.

❽ 텍스트의 높이를 설정합니다.

❾ 텍스트의 너비를 설정합니다.

❿ 선택한 텍스트의 기본 높이를 설정합니다.

⓫ 텍스트의 색상을 선택합니다.

2. Paragraph 패널

❶ 문단을 왼쪽, 가운데, 오른쪽으로 정렬합니다.

❷ 문단의 끝 부분에 만들어지는 여백을 정렬합니다.

❸ 문단을 양쪽 끝에 맞춰 정렬합니다.

❹ 문단의 왼쪽 여백을 설정합니다.

❺ 문단의 오른쪽 여백을 설정합니다.

❻ 문단의 첫 행에서 들여 쓰는 간격을 설정합니다.

❼ 문단의 위쪽 여백을 설정합니다.

❽ 문단의 아래쪽 여백을 설정합니다.

❾ 일본어 문자의 행 분할을 지정합니다.

❿ 간격에 대한 일본어 문자 구성을 지정합니다.

⓫ 영어 단어가 자동 줄 바꿈으로 두 줄이 되는 경우, 자동으로 하이픈(−)으로 표시하여 한 단어임을 나타냅니다.

Warped Text

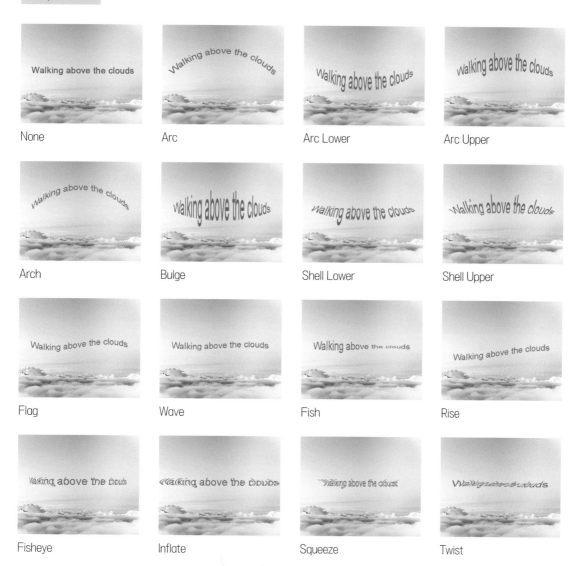

None

Arc

Arc Lower

Arc Upper

Arch

Bulge

Shell Lower

Shell Upper

Flag

Wave

Fish

Rise

Fisheye

Inflate

Squeeze

Twist

Brush Tool(브러시 툴)/ 단축키: B

초기의 포토샵 브러시는 이미지 보정을 위한 최소한의 기능만을 가지고 있었지만 포토샵 7.0 이후 버전부터 그 기능이 크게 향상되었습니다. 브러시의 기능과 특징 등을 자세히 살펴보도록 하겠습니다.

Brush Tool과 옵션 바

툴 바의 브러시 아이콘( )을 선택하면 Brush Tool이 활성화됩니다. Brush Tool의 종류는 다음 네 가지로, Brush Tool, Pencil Tool, Color Replacement Tool, Mixer Brush Tool이 있습니다.

Brush Tool(브러시 툴)

툴 바에서 Brush Tool을 선택하면 상단에 다음과 같이 툴 옵션 바가 생깁니다. 자주 쓰는 기능들을 빠르게 조절할 수 있도록 창 바깥쪽에 나와 있는 기능으로, '퀵 메뉴'라고 부르기도 합니다.

❶ **Brush, Size, Hardness 설정**: 드롭다운 메뉴를 클릭하면 브러시의 옵션 창이 나옵니다. 이 창에서 브러시의 종류와 브러시의 팁 사이즈, 브러시 경계의 부드러움의 정도를 설정할 수 있습니다.

❷ **Toggle the Brush Setting Panel**: 패널 영역의 브러시 패널을 열거나 닫을 수 있습니다.

❸ **Mode**: 레이어의 Blending Mode와 같은 혼합 모드를 브러시에 적용합니다.

❹ **Opacity**: 레이어의 불투명도를 조절합니다.

❺ **Tablet Pressure for Opacity**: 태블릿의 필압(펜의 압력)에 따라 불투명도를 조절합니다.

❻ **Flow**: 브러시 색상이 적용되는 정도를 조절합니다. 값이 작을수록 색상이 연해집니다.

❼ **Airbrush -Style Build-up effect**: 에어브러시 효과를 줍니다. Flow 값이 낮은 상태에서 활성화시키면 클릭하여 머무는 시간 만큼 색이 진하게 칠해집니다.

❽ **Smoothing**: 브러시로 획을 그을 때 곡선을 더 매끄럽게 표현합니다. 0~100까지 설정할 수 있으며 값이 클수록 보정량이 늘어납니다.

❾ **Always use Pressure for Size**: 태블릿 필압에 따라 브러시의 사이즈를 조절할 수 있는 옵션입니다.

Pencil Tool(연필 툴)

연필처럼 경계가 거칠게 표현되어 주로 일정한 두께의 직선, 선명한 외곽선을 그릴 때 사용되는 툴로 브러시와 비슷합니다. 기본적인 설정은 브러시 툴과 동일합니다.

❶ **Auto Erase**: Pencil Tool을 사용할 부분의 색상이 전경색과 같을 때, 전경색 대신 배경색을 자동으로 사용하도록 설정합니다.

Color Replacement Tool(색상 대체 도구)

Color Replacement Tool은 Brush Tool(색상을 덮어쓰는 개념)과는 다르게 합성하면서 덮어쓰는 개념으로, 이미지의 채도와 질감 등의 느낌은 살리면서 색상만 변경할 수 있습니다. 브러시 툴 바에서 Color Replacement Tool을 선택하면 가운데 +모양이 있는 브러시 팁을 볼 수 있는데, 팁 중앙의 +를 기준으로 선택된 레이어의 이미지 색상을 반영하여 전경색이 표현됩니다.

원본 이미지

바꾸고 싶은 색상 영역 안에 브러시 팁 중앙점이 있는 경우

바꾸고 싶은 색상 영역의 밖으로 브러시 팁 중앙점이 있는 경우

❶ **Mode**: 혼합 모드를 변경할 수 있습니다.

- Hue: 색조만 변경합니다. 대비와 밝기는 영향을 주지 않습니다.
- Saturation: 색상의 채도만 변경합니다. 색조와 밝기는 영향을 주지 않습니다.
- Color: 색조와 명도, 채도 모두 변경할 수 있는 기본 혼합 모드입니다.
- Luminosity: 원본 색상의 밝기와 전경색의 밝기를 일치시킵니다. 색상과 채도는 영향을 주지 않습니다.

❷ **Contiguous**: 편집할 이미지의 색상에 따라 전경색과 혼합되어 계속 새로운 색상을 표현하는 옵션으로 가장 많이 사용됩니다.

❸ **Once**: 처음 클릭하는 색상만을 인식하여 같은 색상으로 표현합니다.

❹ **Background Swatch**: 배경색으로 설정된 모든 색을 대체합니다.

❺ **Limits**: 전경색을 적용하는 영역에 대한 방법을 설정할 수 있습니다.

- Contiguous: 기본 설정으로 브러시 팁 중앙의 +가 닿는 영역의 동일한 색상만 변경할 수 있습니다.
- Discontiguous: Contiguous와 반대로 적용하여 변경합니다.
- Find Edge: Contiguous와 유사하지만 좀 더 세밀한 외곽선을 감지하여 변경합니다.

❻ **Tolerance**: 전경색이 적용되는 범위를 % 값으로 지정할 수 있으며, 값이 클수록 범위가 넓어집니다.

Mixer Brush Tool(혼합 브러시 툴)

Mixer Brush Tool은 색상과 색상 사이를 자연스럽게 혼합하여 수채화나 유화, 아크릴화 같은 회화적 느낌의 표현을 낼 수 있습니다. 또한 사진 이미지를 소스로 이용하여 Filter보다 자연스럽게 회화적 느낌을 연출할 수 있습니다.

❶ **Current Brush Load**: 현재 지정된 브러시의 모습을 나타냅니다. Alt를 누르면 브러시의 팁 모양이 바뀌는데, 이때 브러시로 저장할 이미지 부분을 클릭하면 Mixer Brush로 저장됩니다.

❷ **Load Brush after each stroke**: 전경색과 이미지의 색상을 혼합해주는 브러시입니다.

❸ **Clean Brush after each stroke**: 이미지에 있는 색상끼리 혼합해주는 브러시입니다.

원본

Load Brush

Clean Brush

Mixer Brush의 가장 큰 도구는 앞에 설명한 Load Brush와 Clean Brush입니다. 나머지 기능들은 이 두 브러시를 세부적으로 조절하는 방식입니다. 유화를 예를 들어 본다면, Load Brush는 붓에 물감을 묻혀 작업 중인 그림에 아직 건조되지 않은 물감과 섞이도록 표현하는 것이고, Clean Brush는 붓에 투명한 린시드 용액(유화용 기름)을 묻혀 아직 마르지 않은 부분의 물감이 잘 섞이도록 하거나 터치를 만들어주는 것입니다.

❹ **Mode**: Dry, Moist Wet을 총 12가지의 혼합 방식을 선택하여 사용할 수 있습니다.

❺ **Wet/Load/Mix/Flow**: 모드에서 설정하지 못하는 세부적인 내용을 조절합니다.

- Wet: 브러시의 젖은 정도를 조절하는 옵션으로 값이 높을수록 농도가 묽어져 혼합이 잘됩니다.

- Load: 페인트의 농도를 조절해주는 옵션으로 값이 낮을수록 획의 끝부분이 옅게 표현됩니다.
- Mix: 이미지의 색상과 브러시가 섞이는 비율을 설정하는 옵션으로, 100%는 이미지의 모든 색상을 적용시키고 0%는 브러시 색상만 표현됩니다.
- Flow: 브러시의 강도를 조절해주는 옵션입니다.

❻ Enable Airbrush Mode: 에어브러시처럼 브러시 팁을 한 지점에 계속 누르고 있으면 마우스 펜의 필압을 지속성을 감지하여 적용됩니다.

브러시 패널과 세부 설정

브러시 패널의 구조와 세부 설정에 대해 살펴보겠습니다.

1. 브러시 패널의 구조

❶ 브러시 커스텀 메뉴
❷ 브러시 종류: 브러시의 형태(텍스처)를 보고 선택할 수 있습니다.
❸ 브러시 기본 설정
❹ 선택한 브러시 스트로크 형태의 섬네일

브러시 커스텀 메뉴의 각 항목을 클릭하면, 패널의 오른쪽 영역이 옵션창으로 바뀌며 해당 항목의 세부 설정을 할 수 있습니다.

2. Brush Tip Shape

브러시 팁의 모양을 선택하고 브러시 팁의 사이즈, 각도, 간격 등을 조절할 수 있습니다.

ⓐ **Size**: 브러시 팁의 사이즈를 조정합니다. Flip X는 브러시의 모양을 좌우로, Flip Y는 상하로 반전시킵니다.

ⓑ 박스 안의 원에 찍힌 하얀 점을 클릭, 드래그하여 브러시 모양을 타원으로 조절하고, 타원의 기울기를 조절할 수 있습니다.

ⓒ **Hardness**: 브러시 팁의 경계를 부드럽게 조절할 수 있습니다. 값이 낮을수록 부드러워집니다.

ⓓ **Spacing**: 브러시 스트로크의 간격을 조절할 수 있으며, 값이 높을수록 간격이 넓어집니다.

 Spacing: 1%

 Spacing: 120%

3. Shape Dynamics

ⓐ **Size Jitter**: 브러시 사이즈를 불규칙하게 변화시켜 브러시 경계를 울퉁불퉁하게 만듭니다.

ⓑ Control: Shape Dynamics의 브러시 속성을 설정해주는 항목입니다.

- Off: 영향을 받지 않습니다.
- Fade: 브러시 끝부분으로 갈수록 얇고 투명하게 하는 기능입니다. 수치로 투명함 정도를 조절할 수 있습니다.
- Pen Pressure: 기본적인 펜 압력을 감지하는 기능입니다.
- Pen Tilt: 펜의 기울기를 감지하는 기능입니다.

ⓒ Minimum Diameter: 스트로크 간의 최소 사이즈를 설정하며, 브러시 스트로크 간의 필압의 영향을 받도록 합니다.

ⓓ Tilt Scale: Pen Tilt를 활성화한 경우, 펜 기울기의 크기를 조정합니다.

ⓔ Angle Jitter: 브러시 각도의 변칙성을 조절할 수 있습니다.

ⓕ Roundness Jitter: 브러시 팁의 둥근 형태의 변칙을 조정할 수 있습니다.

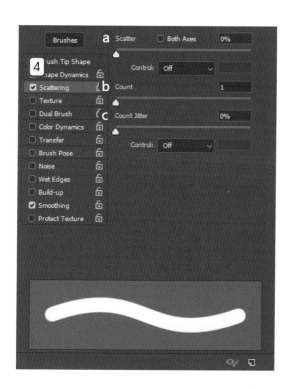

4. Scattering

ⓐ Scatter: 브러시가 입자의 흩뿌려짐 정도를 조절합니다.

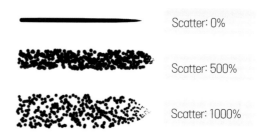

Scatter: 0%

Scatter: 500%

Scatter: 1000%

ⓑ Count: Scatter의 흩뿌려지는 양을 조절합니다.

Count: 1

Count: 10

ⓒ Count Jitter: 설정된 Count의 불규칙성을 %로 조절합니다.

5. Texture

브러시에 특정 질감를 적용시켜 브러시로 그려지는 영역을 질감으로 표현합니다. Texture를 체크하고 상단의 섬네일을 클릭하면 다음과 같이 여러 가지 질감을 선택할 수 있습니다.

Texture 패널의 환경 설정 아이콘을 누르면 포토샵에서 제공하는 여러 가지 기본 패턴을 불러올 수 있습니다.

ⓐ **Scale:** 선택한 질감의 적용 사이즈를 % 단위로 조절할 수 있습니다.

ⓑ **Brightness:** 선택한 질감의 밝기를 조절할 수 있습니다.

ⓒ **Contrast:** 선택한 질감의 대비를 조절할 수 있습니다.

ⓓ **Mode:** 레이어의 Blending Mode 중 10가지 옵션을 이용해 선택한 패턴과 전경색과의 혼합 방식을 선택할 수 있습니다.

ⓔ **Depth:** 선택한 질감의 깊이 값을 조절할 수 있습니다.

ⓕ **Depth Jitter:** 선택한 텍스처의 랜덤한 깊이 값을 조절할 수 있습니다.

6. Dual Brush

두 가지 브러시를 혼합해 중복 효과를 만듭니다. 각 브러시의 특징을 반영하여 새로운 브러시를 만듭니다.

ⓐ **Mode:** 두 가지 브러시가 혼합되는 방식을 선택합니다.

ⓑ **브러시 선택 영역:** 기본 브러시를 Brush Tip Shape에서 선택하고, 혼합될 다른 브러시를 선택합니다.

ⓒ **Size:** Dual Brush의 사이즈를 조절합니다.

ⓓ **Spacing:** Dual Brush의 스트로크 간격을 조절합니다.

ⓔ **Scatter:** Dual Brush의 흩뿌려짐 값을 조절합니다.

ⓕ **Count:** Dual Brush의 흩뿌려짐 양과 밀도를 조절합니다.

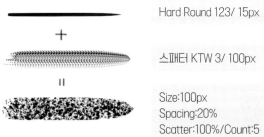

Hard Round 123/ 15px

스패터 KTW 3/ 100px

Size:100px
Spacing:20%
Scatter:100%/Count:5

7. Color Dynamics

브러시에 전경색과 배경색을 혼합하여 적용합니다. 색상과 명도, 채도를 다양하게 조절하여 여러 가지 조합을 만듭니다.

ⓐ **Foreground/Background Jitter:** 전경색과 배경색이 혼합되는 데 있어 불규칙성의 값을 적용합니다. 오른쪽 패널의 상단에 있는 Apply Per Tip을 체크하면 브러시 터치 한 번에 혼합된 색이 모두 표현됩니다. 체크하지 않을 경우에는, 터치 한 번에 한 가지 색상만 표현이 되며 터치할 때마다 다른 색상이 적용됩니다.

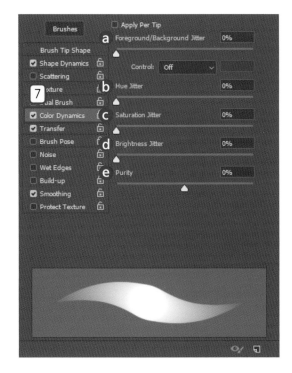

ⓑ Hue Jitter: 색상의 불규칙성의 값을 설정합니다.

ⓒ Saturation Jitter: 채도의 불규칙성의 값을 설정합니다.

ⓓ Brightness Jitter: 명도의 불규칙성의 값을 설정합니다.

ⓔ Purity: 채도의 순도를 조절합니다. 0%를 기준으로 값이 높아지면 채도가 높아지고, 낮아지면 채도가 낮아집니다.

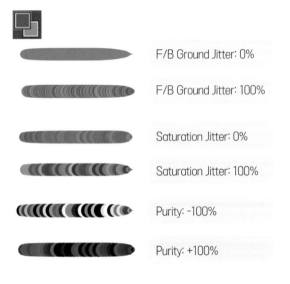

F/B Ground Jitter: 0%

F/B Ground Jitter: 100%

Saturation Jitter: 0%

Saturation Jitter: 100%

Purity: -100%

Purity: +100%

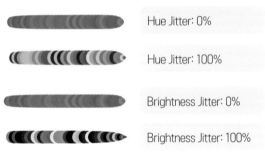

Hue Jitter: 0%

Hue Jitter: 100%

Brightness Jitter: 0%

Brightness Jitter: 100%

8. Transfer

Opacity(불투명도)와 Flow(흐름) 등의 브러시의 기본 속성을 조절합니다.

ⓐ Opacity Jitter: 불투명도의 불규칙성의 값이 적용되는 정도를 조절합니다.

ⓑ Flow Jitter: 흐름의 지속성의 불규칙성의 값이 적용되는 정도를 조절합니다.

Opacity Jitter: 0%

Opacity Jitter: 100%

Flow Jitter: 0%

Flow Jitter: 100%

9. Brush Pose

브러시 팁의 기울기, 압력, 회전 등을 세밀하게 조절하여 에어브러시에 적용합니다.

- ⓐ Tilt X: 브러시 팁의 기울기의 X축을 조절합니다.
- ⓑ Tilt Y: 브러시 팁의 기울기의 Y축을 조절합니다.
- ⓒ Override Tilt: 체크하면 Tilt 기능을 해제합니다.
- ⓓ Rotation: 회전값을 조절합니다.
- ⓔ Pressure: 압력의 세기를 조절합니다.

10. 수치 조정이 없는 그룹

브러시 설정 중에서 세부적인 값이 아닌, 체크만으로 설정하는 기능입니다.

- ⓕ Noise: 브러시에 노이즈를 추가합니다.
- ⓖ Wet Edges: 수채화처럼 외곽선을 진하게 표현해줍니다.
- ⓗ Build-Up: 에어브러시 효과를 좀 더 강하게 표현해줍니다.
- ⓘ Smoothing: 더 부드럽게 표현해줍니다.
- ⓙ Protect Texture: 텍스처의 질감을 보호해줍니다.

브러시 설치하기

포토샵에는 기본적으로 제공되는 브러시 외에 외부에서 다운로드를 받아 추가로 설치하여 사용할 수 있는 브러시, 사용자가 만들어 사용할 수 있는 브러시가 있습니다.

1. 브러시 다운로드

새로운 브러시를 설치하기 위해서는 브러시를 다운받는 방법에 대해 알아보겠습니다. Adobe사 홈페이지에서 무료로 브러시를 다운로드 받거나, 많은 사용자들이 무료로 공개한 자작 브러시를 다운로드 받을 수 있습니다.

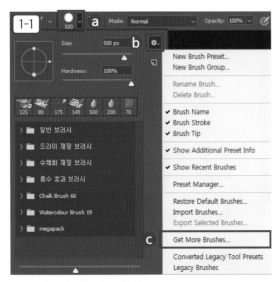

1-1 툴 바에서 브러시를 선택하고 ⓐⓑⓒ 순으로 클릭하면 그림 1-2와 같이 Adobe 홈페이지에서 브러시를 다운로드할 수 있습니다. 여기서 원하는 브러시를 선택하여 다운로드합니다.

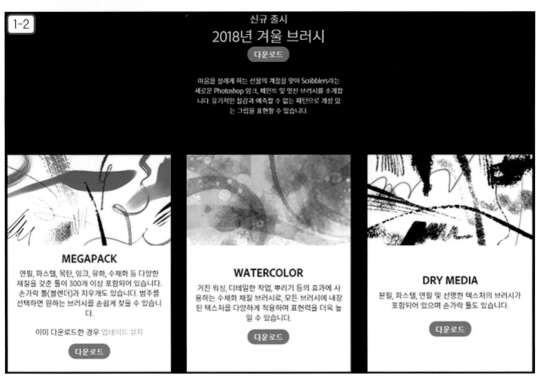

2. 브러시 불러오기

❶ 브러시 패널의 설정 버튼을 눌러 Import Brushes를 선택합니다.

❷ 미리 다운로드 해놓은 브러시 팩을 불러옵니다.

❸ 브러시 패널의 브러시 선택 창에서 하단에 불러온 브러시 팩이 있는 것을 확인할 수 있습니다.

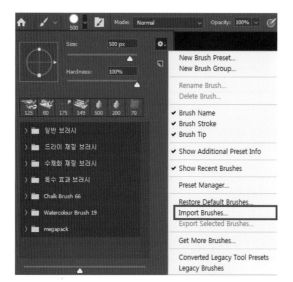

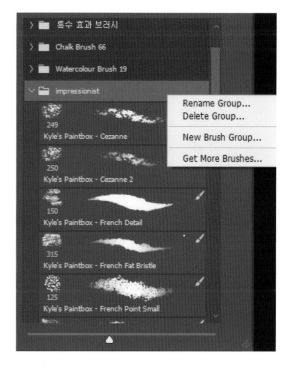

CHAPTER 02 예제를 통한 응용력 기르기

LESSON 01. 메탈 재질의 로고 만들기

이번 예제에서는 Type Tool, Shape Tool, Layer Style, Filter의 Noise, Gaussian Blur 등을 사용하여 메탈 느낌이 나는 로고를 만들어보겠습니다.

*주 사용 기능: Type Tool, Shape Tool, Layer Style, Filter
*예제 파일: 없음
*완성 파일: Part4_ch2_lesson01_완성.PSD
*활용도: ★★★★★
*난이도: ★★★

[완성 이미지]

01. 바탕 이미지 만들기

❶ [Ctrl] + [N]을 누르거나, 메뉴 바에서 [File] – [New]를 선택합니다.

❷ 옵션 창에서 Width 1000px, Height 700px을 입력하고 [Create]를 눌러 새 작업 창을 생성합니다.

❸ 전경색과 배경색을 각각 흰색과 검은색으로 설정합니다.

❹ [Filter] – [Render] – [Cloud]를 선택하여 Background 레이어에 구름 필터를 적용합니다.

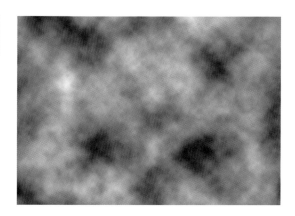

❹ 레이어 패널에서 [Create new fill and adjustment layer]를 누르고 [Brightness/Contrast…]를 선택해 Brightness 값을 −150, Contrast 값을 25로 줍니다.

02. 금속 질감 만들기

❶ [Create a new layer]를 클릭하여 새 레이어를 추가하고, [Ctrl] + [Delete]를 눌러 흰색으로 설정합니다.

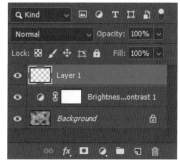
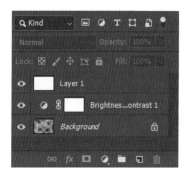

❷ [Filter] − [Noise] − [Add Noise]를 선택하고 옵션 창에서 Gaussian과 Monochromatic을 체크합니다. Amount를 150%로 설정한 후 [OK]를 클릭하여 노이즈를 레이어에 적용합니다.

  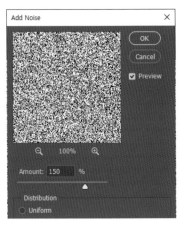

❸ [Filter] − [Blur] − [Motion Blur]를 선택하고 옵션 창에서 Angle 10°, Distance 200px로 설정한 후 [OK]를 눌러 적용합니다.

03. 텍스트에 질감 적용하기

❶ [Type Tool]로 원하는 문자를 입력합니다(폰트는 그림을 참조하여 설정합니다).

  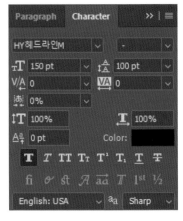

❷ Layer 1을 MyTube(Text Layer) 상단으로 드래그하여 올린 후, [Alt] + [클릭]하여 [Clipping Mask]를 적용합니다.

04. Layer Style 적용하기

❶ MyTube 레이어를 선택한 후, [Add a layer style] 버튼을 누르거나 레이어의 빈 공간을 두 번 클릭하여 [Layer Style] 옵션 창을 엽니다.

❷ [Layer Style] 옵션 창의 [Bevel & Emboss] 항목을 클릭하고, 다음의 값을 입력합니다.

Structure
- Style: Inner Bevel, Technique: Chisel Hard
- Depth: 700%, Direction: Down, Size: 4px, Soften: 1px

Shading
- Angle: 120°, Altitude: 30°, Anti-aliased
- Highlight Mode: Screen, Color: White, Opacity: 50%
- Shadow Mode: Multiply, Color: Black, Opacity: 50%

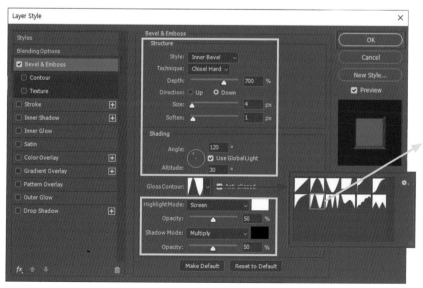

❸ [Layer Style] 옵션 창의 [Gradient Overlay]를 추가로 체크하여 다음과 같이 설정하고 [OK] 버튼을 눌러 적용합니다.

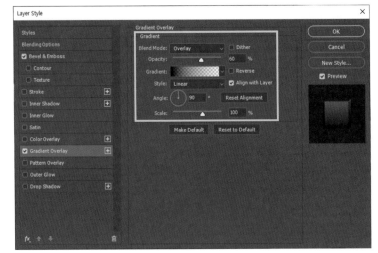

Gradient
- Blend Mode: Overlay
- Opacity: 60%
- Style: Linear, Align with Layer
- Angle: 90°
- Scale: 100%

❹ [Layer Style] 옵션 창의 [Drop Shadow]를 추가로 체크하여 다음과 같이 설정하고 [OK] 버튼을 눌러 적용합니다.

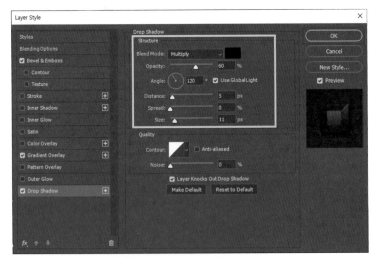

Structure
- Blend Mode: Multiply
- Color: Black
- Opacity: 60%
- Angle: 120°
- Use Global Light
- Distance: 5px
- Spread: 0%
- Size: 11px

05. 텍스트에 효과주기

❶ 레이어 패널에서 [Create new layer]를 누릅니다.

❷ 전경색과 배경색을 각각 흰색과 검은색으로 설정합니다.

❸ [Filter] – [Render] – [Cloud]를 선택하여 Background 레이어에 구름 필터를 적용합니다.

❹ 구름 필터가 적용된 Layer 2에 [Filter] – [Blur] – [Gaussian Blur]를 적용하고, Radius를 10px 로 설정한 후 [OK]를 눌러 적용합니다.

❺ Layer Blending Mode를 Overlay로 바꾸어줍니다.

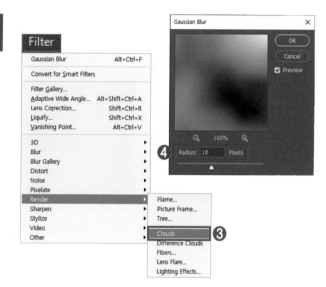

06. [Rounded Rectangle Tool]로 Shape 만들기

❶ Layer 2를 선택합니다.

❷ 좌측 Tool bar에서 [Rounded Rectangle Tool]을 선택합니다.

❸ 툴의 속성은 Shape, Radius는 40px로 하여 그림과 같이 둥근 사각형을 그려줍니다. 그리고 Pro perties 패널에서 W: 400px, H: 250px를 입력하여 사각형의 정확한 사이즈를 조절해줍니다.

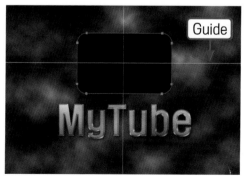

[Ctrl] + [R]을 눌러 [Rulers]를 꺼내고, Ruler부분을 클릭하여 드래그하면 화면처럼 Guide를 보이게 할 수 있습니다. Guide의 해제는 [Ctrl] + [;]입니다.

❹ 툴 바에서 [Add Anchor Point Tool]을 선택하여 그림과 같이 포인트를 추가해줍니다.

❺ [Direct Selection Tool]로 추가한 포인트들을 하나씩 선택하고 각 키보드 방향키를 5번씩 눌러 바깥방향으로 이동시킵니다.

❻ [Direct Selection Tool]로 모서리의 라운드 포인트 2개를 하나씩 선택하여 핸들이 가운데로 모이도록 조절해줍니다.

07. [Custom Shape Tool]의 Shape 만들기

❶ [Custom Shape Tool]을 선택한 후, Shape에서 [Heart Card]를 선택합니다.
❷ [Path Operation]에서 [Exclude Overlapping Shapes]를 선택합니다.
❸ [Heart Card]를 Rounded Rectangle 1 레이어의 중앙 부분에 그려서 그림과 같이 만듭니다.

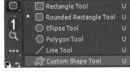
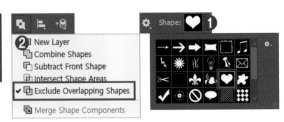

08. Layer Style 복사하기

❶ MyTube 텍스트 레이어를 선택하고 마우스 오른쪽 클릭을 하여 [Copy Layer Style]을 선택합니다.

❷ Rounded Rectangle 1 레이어를 선택하고 다시 마우스 오른쪽 클릭을 하여 [Paste Layer Style]을 눌러줍니다. 그러면 MyTube 텍스트 레이어와 동일한 레이어 스타일이 적용됩니다.

❶ 레이어 스타일 복사

❷ 레이어 스타일 붙이기

❸ Layer 1을 마우스 오른쪽 클릭하여 생성된 팝업 메뉴에서 [Duplicate Layers…]를 클릭하거나, [Ctrl] + [J]를 눌러 복사해줍니다.

❹ Layer 1 copy와 Layer 2를 함께 선택한 후 드래그하여 Rounded Rectangle 1 레이어 위로 얹어줍니다.

❺ Layer 1 copy를 [Alt] + [클릭]하여 Clipping Mask를 적용합니다.

❸ 레이어 복사

❹ 복사된 레이어 이동

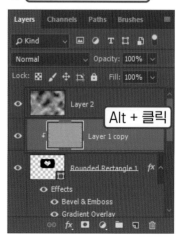

❺ Clipping Mask 적용

❻ Rounded Rectangle 1 레이어를 두 번 클릭하여 Layer Style을 열고, [Bevel & Emboss] 항목의
Structure의 Size를 15px로 조절해줍니다.

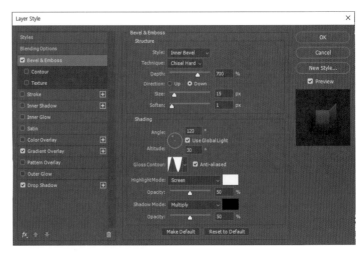

❼ Background 레이어를 선택하고 [Create a new layer]를 클릭하여 Layer 3을 만듭니다.
❽ [Alt] + [Backspace]를 눌러 전경색인 검은색을 Layer 3에 부어줍니다.
❾ Layer 3의 Opacity를 30%로 조절해주면 다음과 같이 작업이 완성됩니다.

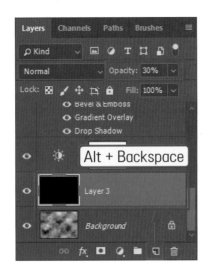

네온사인 효과의 로고 디자인

이번 예제에서는 Layer Style을 활용하여 네온사인 느낌의 문자를 만들어볼 것입니다. 메탈 재질의 로고 디자인에서 사용한 Type Tool, Shape Tool, Layer Style, Filter의 Noise, Gaussian Blur 등을 복습하면서 Layer Style을 또 다른 스타일로 응용해보겠습니다.

발광형 이펙트는 어두운 배경에서 그 느낌이 잘 드러납니다. 자연스러운 어두움을 어떻게 표현해야 하는지, 점점 많아지는 레이어를 어떻게 정리하면서 작업하는지를 예제를 통해서 배워보도록 하겠습니다.

*주 사용 기능: Type Tool, Shape Tool, Layer Style, Filter
*예제 파일: Part4_ch2_lesson02_a.PSD, Part4_ch2_lesson02_완성.PSD
*활용도: ★★★★★
*난이도: ★★★★

[완성 이미지]

01. 바탕 이미지 만들기

❶ [Ctrl] + [O]을 누르거나, 메뉴 바에서 [File] – [Open]을 클릭해 Part4_ch2_lesson02_a.PSD 파일을 불러옵니다.

❷ Background 레이어를 선택하고 [Create a new layer]를 눌러 Layer 1을 생성합니다.

❸ Layer 1이 선택된 상태에서 [Alt] + [Backspace]를 눌러 전경색(#000000)을 채워줍니다.

❹ Layer 1의 Opacity를 60%로 조절합니다.

❺ [Create new fill or adjustment layer]에서 [Gradient…]를 선택합니다.

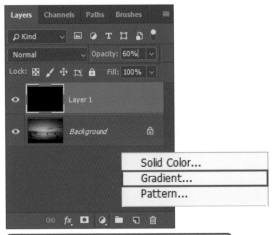

❻ Gradient Fill의 Style을 Radial, Angle은 90°, Scale은 100%로 입력한 후 Reverse를 체크해줍니다.

❼ Gradient Fill의 Gradient를 클릭하여 [Gradient Editor] 창을 열고, [검은색-투명]의 Gradient를 선택합니다.

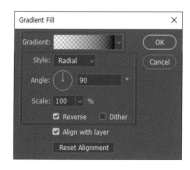

02. 네온사인 텍스트 만들기

❶ 좌측 툴 바에서 [Type Tool]을 선택하고 화면 중앙에 'FantasyTube'라는 단어를 입력합니다.

❷ Character 정보 창에서 폰트는 나눔고딕, 폰트 사이즈는 120pt, 색상은 (#0096ff)로 설정해줍니다.

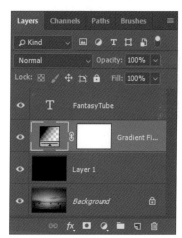

❸ FantasyTube 레이어의 빈 공간을 두 번 클릭하여 Layer Style 옵션 창을 엽니다.

❹ [Inner Shadow]를 체크하고, 값은 다음과 같이 입력합니다.

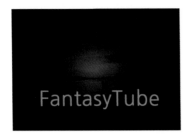

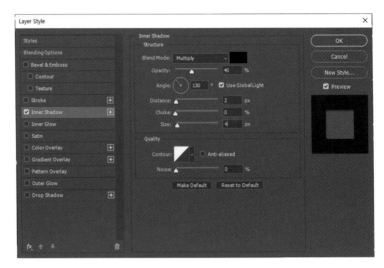

❺ Layer Style 옵션 창에서 [Inner Glow]를 체크하고, 값은 다음과 같이 입력합니다.

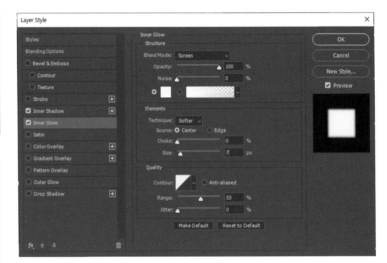

Structure
- Blend Mode: Screen
- Opacity: 100%
- Noise: 0%
- Color: #000000
Elements
- Technique: Softer
- Source: Center
- Choke: 0%
- Size: 7px
Quality
- Range: 55%
- Jitter: 0%

❻ Layer Style 옵션 창에서 [Outer Glow]를 체크하고, 값은 다음과 같이 입력합니다.

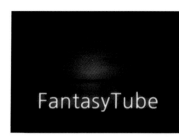

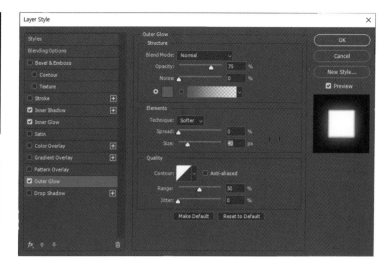

Structure
- Blend Mode: Normal
- Opacity: 75%
- Noise: 0%
- Color: #0054ff
Elements
- Technique: Softer
- Choke: 0%
- Size: 40px
Quality
- Range: 50%
- Jitter: 0%

❼ Layer Style 옵션 창에서 [Drop Shadow]를 체크하고, 값은 다음과 같이 입력합니다.

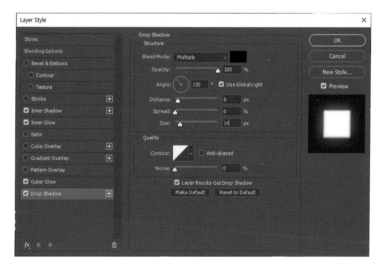

Structure
- Blend Mode: Multiply
- Color: Black
- Opacity: 100%
- Angle: 130°
- Use Global Light 체크
- Distance: 6px
- Spread: 0%
- Size: 14px

03. 로고 만들기

❶ 좌측 툴 바에서 [Rounded Rectangle Tool]을 선택합니다. Fill 값은 No color, Stroke는 흰색, Stroke Width는 12px로 설정합니다. 그리고 Width 400px, Height 250px, Radius 40px을 입력한 후, 적당한 위치에 클릭합니다.

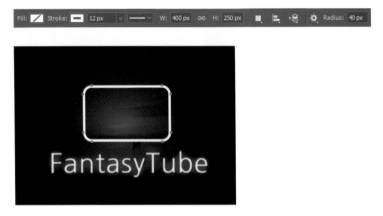

❷ 좌측 툴 바에서 [Add Anchor Point Tool]을 선택하고 Rounded Rectangle shape에 점을 추가합니다.

❸ 좌측 툴 바에서 [Direct Selection Tool]을 선택하고 Rounded Rectangle shape에 추가한 포인트들을 shape의 바깥 방향으로 움직입니다. 각 키보드 방향키를 5번씩 눌러서 이동시킵니다.

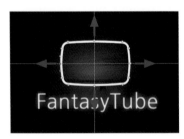

❹ 좌측 툴 바에서 다시 [Direct Selection Tool]을 선택하고 shape의 네 군데 모서리 포인트의 방향 점을 중앙으로 모이도록 하여 곡선을 완만하게 조절합니다.

 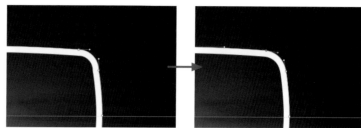

❺ Rounded Rectangle의 shape 속성을 바꿔줍니다. Fill은 No color로, Stroke의 색상은 Color Picker에서 (#ff0000)으로 변경해줍니다.

 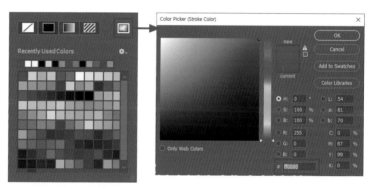

❻ 좌측 툴 바에서 [Custom Shape Tool]을 선택하고 Shape로는 Butterfly를 선택하여 그려줍니다.

❼ Butterfly의 Shape 속성을 Fill은 No color, Stroke는 12px, 색상은 (#ffff00)으로 지정해줍니다.

04. 로고에 네온사인 Layer Style 붙여 넣기

❶ FantasyTube 레이어를 마우스 오른쪽 클릭한 후 [Copy Layer Style]을 선택합니다.

❷ Butterfly의 Shape 속성으로 Fill은 No color, Stroke는 12px, 색상은 (#ffff00)으로 지정해줍니다.

❸ Butterfly Shape이 그려진 Shape 1 레이어에도 마찬가지로 [Paste Layer Style]을 합니다.

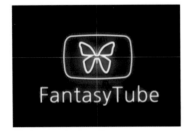

❹ Rounded Rectangle 1 레이어에 [fx]를 두 번 클릭하면 [Layer Style]이 나옵니다. 여기서 [Inner Glow]의 Elements 항목에서 Size를 10으로 바꾸어줍니다.

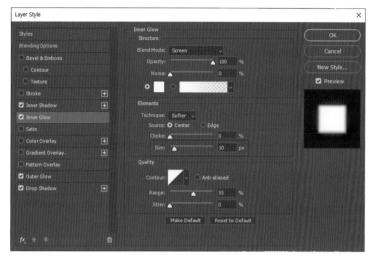

❺ [Outer Glow]에서는 색상만 (#ff0000)으로 바꾸어줍니다.

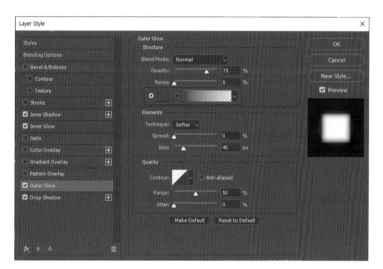

❻ Butterfly Shape이 그려진 Shape1 레이어의 [fx]를 두 번 클릭하여, [Layer Style] – [Outer Glow]의 색상만 (#ffff00)으로 바꾸어줍니다.

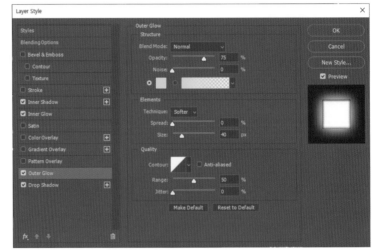

05. 레이어 정리하기

❶ Layer Style이 적용된 레이어들을 [Shift] + [클릭]으로 모두 선택한 후 [fx]글자 옆 버튼(⌄)을 눌러 한꺼번에 효과를 숨깁니다.

❷ 선택된 레이어들을 [Ctrl] + [G]를 눌러 그룹으로 묶어주고, [Ctrl] + [J]를 눌러 그룹을 복사해줍니다.

06. 필터 효과 적용하기

❶ 복사된 Group 1 copy 를 [Ctrl] + [E]를 누르거나, 마우스 오른쪽 클릭을 하여 [Merge Group]을 선택하고 한 장의 이미지 레이어로 변환합니다.

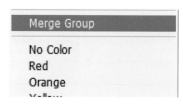

❷ Group 1 copy 레이어에 [Filter] – [Blur] – [Gaussian Blur]를 실행하여 Radius를 40px로 설정한 후 [OK]를 눌러 적용합니다.

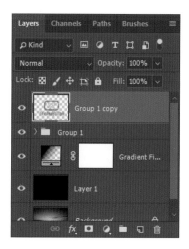
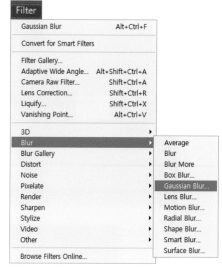

❸ Group 1 copy 레이어의 레이어 속성을 [Color Dodge], Opacity를 60%로 조절해줍니다.

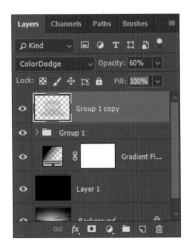 

07. 마무리 작업하기

작업을 마치기 전에 전체적으로 색감, 밝기, Shape의 두께 등을 조절해줘야 할 부분이 있는지 살펴보고, 보다 조화로워 보이도록 보정하는 작업을 해야 합니다.

❶ Layer 1의 Opacity를 40%, Gradient Fill 1의 Opacity를 30%로 낮춰 배경이미지를 좀 더 밝게 만들어줍니다.

❷ Rounded Rectangle 1 레이어를 선택하고, 상단 옵션 바에서 Stroke의 두께를 15px로 좀 더 두껍게 해줍니다.

❸ Shape 1을 선택하고 두 번 클릭하여 [Layer Style] 중 [Outer Glow]의 Blend Mode를 [Linear Dodge(Add)]로 바꾸어줍니다.

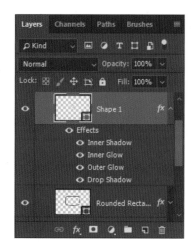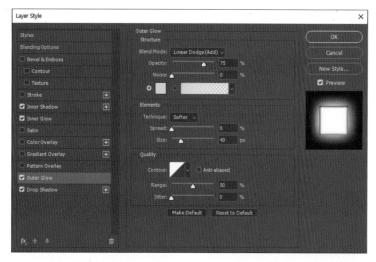

❹ Group 1 copy 레이어를 선택하고 [Create new fill or adjustment layer]를 클릭하여 [Hue/Saturation]을 실행시킵니다. 그림과 같이 Hue 값을 −14 정도로 조절합니다.

❺ [Create new fill or adjustment layer]를 클릭하여 [Brightness/Contrast]를 실행시키고, 그림과 같이 Brightness 값을 30, Contrast 값을 −50으로 조절합니다.

08. 완성

다음과 같이 마무리 작업이 완료된 것을 볼 수 있습니다.

LESSON 03. 금속 재질의 고급스러운 로고 만들기

이번 예제에서는 블로그나 카페, 유튜브 채널 등에서 타이틀로 자주 사용되는 골드 재질의 금속 활자 타이틀을 제작해보도록 하겠습니다. Layer Style로 금속 질감을 표현하는 방법과 Brush Tip을 변형시켜 반사 효과를 표현하는 방법, 복잡해진 레이어 패널을 정리하는 방법 등을 익힘으로써 좀 더 심도 있게 접근하는 예제가 될 것입니다.

*주 사용 기능: Type Tool, Shape Tool, Layer Style, Brush Tip
*예제 파일: 없음
*완성 파일: Part4_ch2_lesson03_완성.PSD
*활용도: ★★★★★
*난이도: ★★★★

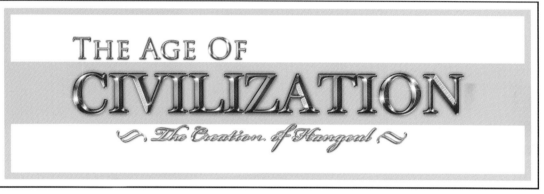

[완성 이미지]

01. 새 작업 파일 만들기

[Ctrl] + [N]을 누르거나 메뉴 바에서 [File] – [New]를 클릭하여 W: 3000px, H: 1000px의 새 작업 창을 생성합니다.

02. 텍스트 만들기

❶ 좌측 툴 바에서 [Type Tool]을 선택하여 'CIVILIZATION' 이라는 단어를 입력합니다. 폰트 사이 즈는 300pt, 색상은 (#b08809)로 설정하고, 서체는 Baskerville Old Face와 비슷한 서체를 골라 서 사용합니다.

03. 스마트 오브젝트 사용하기

❶ CIVILIZATION 레이어를 선택하고 마우스 오른쪽 클릭한 후 메뉴에서 [Convert to Smart Object]를 실행합니다.

❷ 레이어의 섬네일이 Smart Object 아이콘으로 바뀌는 것을 확인하고 [Ctrl] + [J]를 눌러 레이어를 복사합니다.

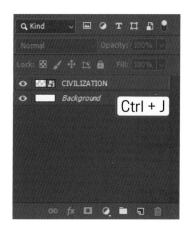 

❸ CIVILIZATION 레이어의 Smart Object 섬네일을 마우스 두 번 클릭하면 해당 레이어가 다른 작업 창에서 따로 생성됩니다. 따로 생성된 작업 창에서 변경한 후 저장하면 기존 작업 창의 모든 레이어에 변경된 작업이 적용됩니다.

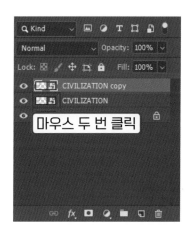 

❹ [Ctrl] + [Alt] + [C]를 눌러 [Canvas Size] 창을 엽니다. 창에서 [Relative]에 체크한 후 Width 200px, Height 200px으로 설정하여 Canvas를 넓힙니다.

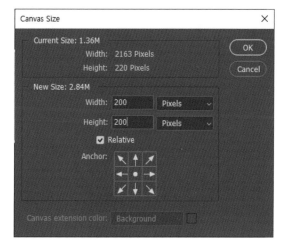

❺ [Ctrl] + [S]를 눌러 저장하고, 기존 작업 창
    으로 돌아갑니다(추후에 텍스트를 수정할 때
    스마트 오브젝트로 수정합니다).

04. Layer Style로 금색 금속 질감 나타내기

CIVILIZATION copy 레이어를 선택하고, 레이어의 빈 공간을 두 번 클릭하여 Layer Style 창을 엽니다. Bevel & Emboss와 Gradient Overlay를 사용하여 다음과 같은 골드 메탈 느낌의 텍스트 효과를 적용해보겠습니다.

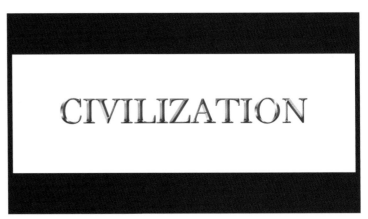

❶ Gradient Overlay 항목을 체크하고 그림과 같이 텍스트의 베이스 색이 금색이 되도록 Gradient
    의 색을 변경합니다.

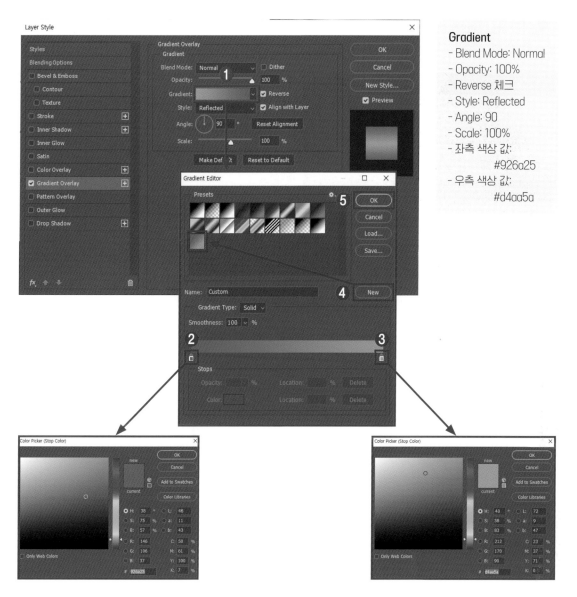

Gradient
- Blend Mode: Normal
- Opacity: 100%
- Reverse 체크
- Style: Reflected
- Angle: 90
- Scale: 100%
- 좌측 색상 값:
        #926a25
- 우측 색상 값:
        #d4aa5a

❷ Gradient에서 [Reverse]를 체크하고 해제해봅니다. 텍스트에 적용된 Gradient의 방향이 바뀌는 것을 확인할 수 있습니다(이 실습은 Reverse를 체크한 채로 진행합니다).

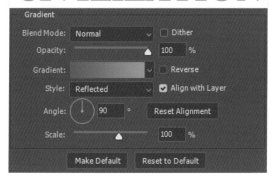

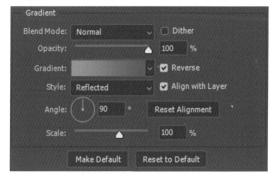

❸ 이번에는 Bevel & Emboss 효과를 설정해보겠습니다. 다음의 [Bevel & Emboss]의 옵션값을 입력합니다.

Structure
- Style: Inner Bevel, Technique: Chisel Hard
- Depth: 700%, Direction: Up, Size: 170px, Soften: 0px

Shading
- Angle: 120°, Altitude: 10°, Anti-aliased
- Highlight Mode: Screen, Color: White, Opacity: 100%
- Shadow Mode: Multiply, Color: Black, Opacity: 50%

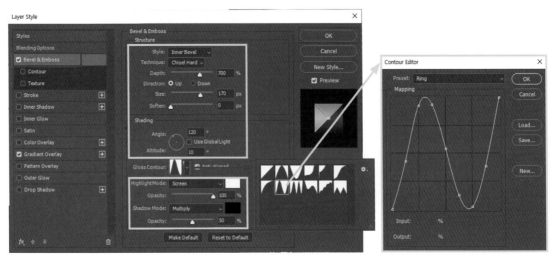

05. 금속 활자처럼 표현하기

CIVILIZATION 레이어를 선택하고, 레이어의 빈 공간을 두 번 클릭하여 Layer Style 창을 엽니다. Stroke와 Outer Glow, Bevel & Emboss를 사용하여 그림과 같이 두꺼운 금속 질감을 표현해봅니다.

❶ 먼저 [Stroke]를 체크하고 그림과 같이 조절해줍니다.

Structure
- Size: 5px
- Position: Outside
- Blend Mode: Normal
- Opacity: 100%
Fill Type: Color
Color: #ae853c

❷ [Outer Glow]를 체크하고 그림과 같이 조절해줍니다.

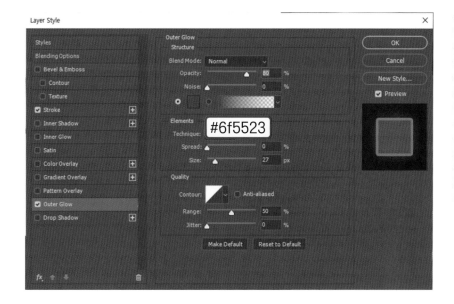

Structure
- Blend Mode: Normal
- Opacity: 80%
- Noise: 0%
Elements
- Technique: Softer
- Spread: 0%
- Size: 27px
Quality
- Range: 50%
- Jitter: 0%

❸ [Bevel & Emboss]를 체크하고 그림과 같이 조절해줍니다.

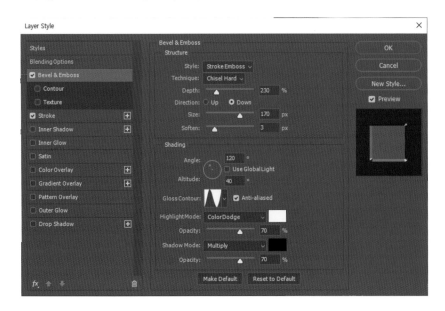

Structure
- Style: Stroke Emboss, Technique: Chisel Hard
- Depth: 230%, Direction: Down, Size: 170px, Soften: 3px
Shading
- Angle: 120°, Altitude: 40°, Anti-aliased
- Highlight Mode: Color Dodge, Color: White, Opacity: 70%
- Shadow Mode: Multiply, Color: Black, Opacity: 70%

06. 금속 질감 빛 반사 표현하기

CIVILIZATION의 텍스트 효과는 이 정도로 마무리합니다. 다음은 그룹으로 레이어를 정리하고 텍스트에 빛이 반사되는 것을 표현해보겠습니다.

CIVILIZATION

❶ 두 텍스트 레이어를 Shift를 누르고 모두 선택한 후 [Ctrl] + [G]를 눌러 그룹으로 묶습니다.

❷ 레이어 패널 하단의 [Create a new group]을 눌러 Group 2를 만듭니다.

❸ Group 2의 하위에 Layer 1을 생성합니다.

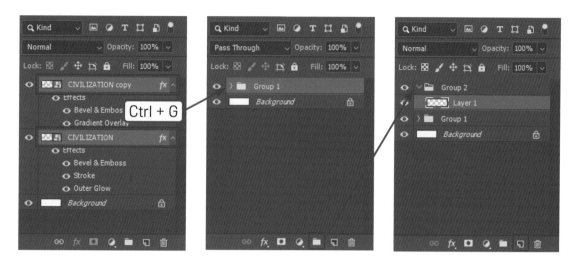

❹ Layer 1에 CIVILIZATION에 사용될 빛 효과를 다음 그림처럼 브러시로 그려서 표현할 것입니다. 빛 효과를 위하여 우선 Background 레이어에 [Ctrl] + [Backspace]를 눌러 배경색인 검은색을 부어줍니다.

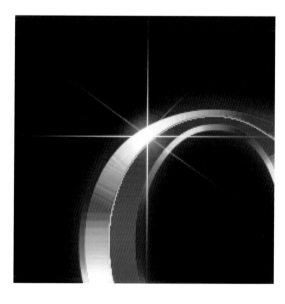

❺ 좌측 [Brush Tool]을 선택한 후 [Brush Settings]를 열어 브러시를 조절합니다.

❻ 브러시 중 [Soft Round 30]을 선택하여 Angle과 Roundness를 조절하겠습니다. Angle을 90°, Roundness를 1%로 조정하면 우측 그림과 같이 변형됩니다.

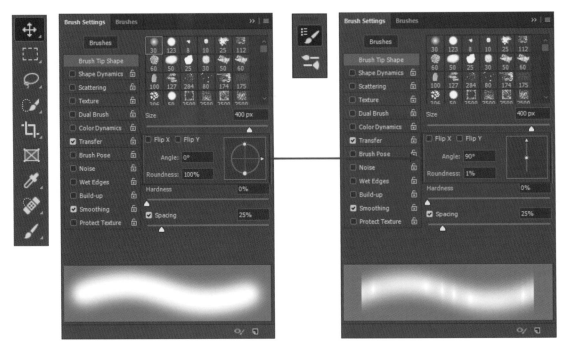

❼ Angle 값을 0°, 45°, 90°, 145°로 입력하여 브러시의 방향성을 조절한 후 각각 새 브러시로 등록합니다.

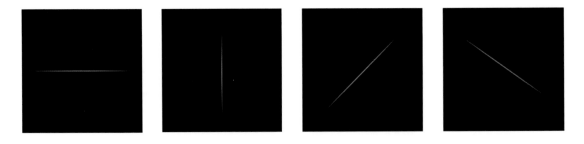

Angle 값을 조절하여 새로운 브러시를 만들 때마다 아래의 [New Brush] 버튼을 눌러 등록해주면 유용하게 사용할 수 있습니다.

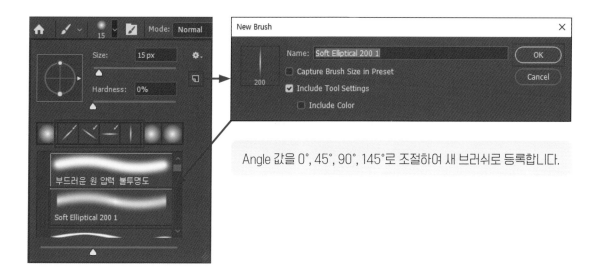

Angle 값을 0°, 45°, 90°, 145°로 조절하여 새 브러쉬로 등록합니다.

❽ 등록된 4가지 브러시로 다음과 같이 Layer 1에 빛을 그려줍니다. 브러시의 크기는 키보드의 `[`, `]` 키를 이용해 조절하고 마우스로 클릭하거나 키보드로 숫자를 눌러 농도를 조절해줍니다.

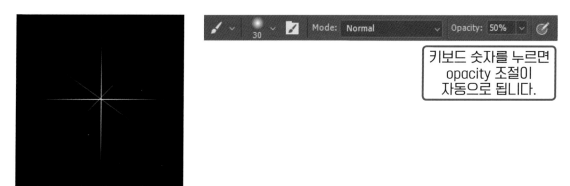

키보드 숫자를 누르면 opacity 조절이 자동으로 됩니다.

❾ 빛이 모이는 부분은 더 밝은 것이 자연스러우므로, 기존 브러시 중 Soft Rounded를 선택합니다. 키보드의 `[`, `]` 키를 이용해 사이즈를 조절하고, Opacity 값을 조절해가면서 다음과 같이 자연스러운 빛을 표현해줍니다.

⑩ 좌측 툴 바에서 [Move Tool]을 선택하여 Layer 1의 위치를 조절합니다. 그리고 [Alt] + [드래그]로 레이어를 복사, 이동시키며 텍스트에서 빛을 많이 받는 부분마다 포인트 효과를 넣어줍니다. 레이어의 Opacity를 조절하여 빛이 강한 부분과 그렇지 않은 부분의 빛의 강약을 표현합니다.

07. 배경 이미지 만들기

❶ Background 레이어를 선택한 후 [Ctrl] + [I]를 눌러 검은색을 흰색으로 색상 반전을 시켜줍니다.

❷ [Create a new group]을 눌러 텍스트의 배경을 그려줄 Group 3을 만들어줍니다.

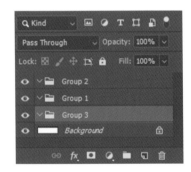

❸ 좌측 툴 바에서 [Custom Shape Tool]을 선택하고 상
단의 Shape 모음 중 Square Thin Frame을 선택하
여 그림과 같이 드래그로 그려줍니다.

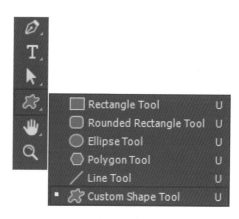

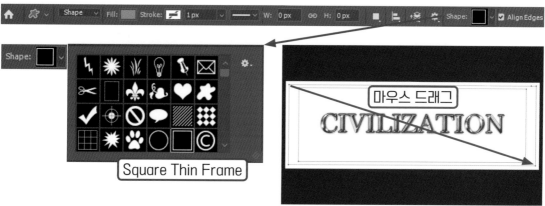

❹ 좌측 툴 바에서 [Direct Selection Tool]을 선택하고 그려진 Square Thin Frame을 그림과 같이
정돈해줍니다.

❺ 좌측 툴 바에서 [Rectangle Tool]을 선택합니다.
❻ [Path Operation]에서 [Combine Shapes]를 선택하고 그림과 같이 드래그하여 그려줍니다.

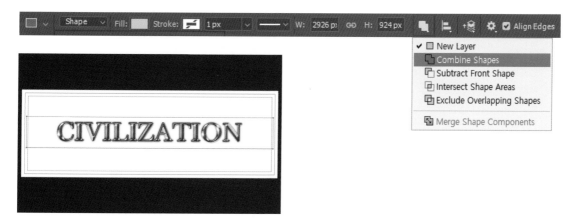

❼ Fill은 Solid Color를 선택하고 색상 패널에서 회색을 선택해줍니다. Stroke는 No color, Stroke Width는 1px로 조절해줍니다.

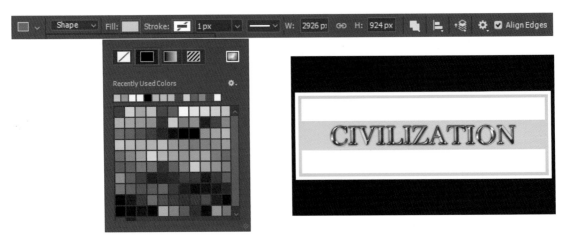

08. 레이어 정리

❶ Group 3의 그룹 이름을 Background Shape 로 바꾸어줍니다.

❷ Group 2의 그룹 이름을 Civilization_Lights 로 바꾸어줍니다.

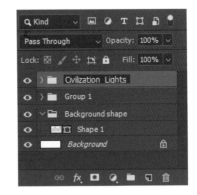

❸ 작업 내용을 연상할 수 있도록, Group 1의 그룹 이름을 Civilization_text로 바꾸어줍니다.

❹ Civilization_Light와 Civilization_text는 [Ctrl] + [G]를 통해 다음과 같이 Civilization 그룹으로 묶어줍니다.

09. 기존 금속 재질 활용하기

❶ 좌측 툴 바에서 [Type Tool]을 다시 클릭하고 그림과 같이 'The Age Of'라는 문구를 회색(#d4d3d1)
으로 써줍니다. 그 후 [Ctrl] + [J]를 눌러 The Age Of 레이어를 복사해줍니다.

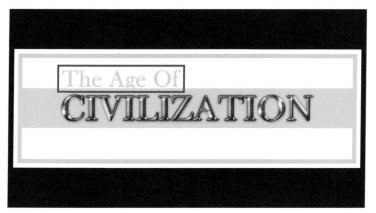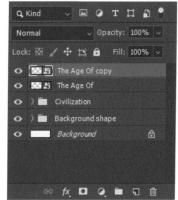

❷ CIVILIZATION copy 텍스트 레이어를 마우스 오른쪽 클릭하여 [Copy Layer Style]을 합니다.
❸ The Age Of copy 텍스트 레이어를 마우스 오른쪽 클릭하여 [Paste Layer Style]을 합니다.

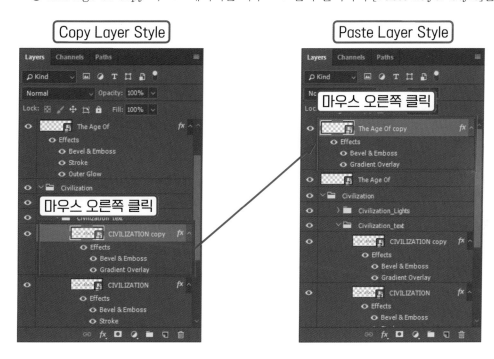

❹ CIVILIZATION 텍스트 레이어를 마우스 오른쪽 클릭하여 [Copy Layer Style]을 합니다.

❺ The Age Of 텍스트 레이어를 마우스 오른쪽 클릭하여 [Paste Layer Style]을 합니다.

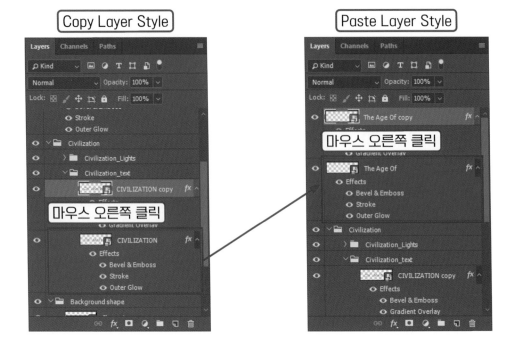

10. 레이어 스타일 변경하기 1

The Age Of copy레이어에 적용된 효과는
[Gradient Overlay]의 색상만 변경합니다.

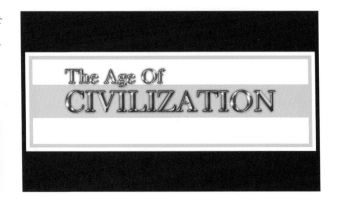

Gradient Overlay에서 색상만 바꾸어줍니다.
어두운 1번 회색은 #909090
밝은 2번 회색은 #d4d3d1

❶ The Age Of copy 레이어의 Gradient Overlay 효과를 두 번 클릭합니다.

❷ Gradient Overlay에서 Gradient를 클릭하여 Gradient Editor를 엽니다.

❸ Color Picker를 클릭하여 Gradient의 색상을 어두운 회색 계열(# 909090)로 선택하고 [OK]를
   클릭합니다.

❹ Color Picker를 클릭하여 Gradient의 색상을 밝은 회색 계열(# d4d3d1)로 선택하고 [OK]를 클
   릭합니다.

❺ [OK]를 클릭하여 Layer Style을 닫습니다.

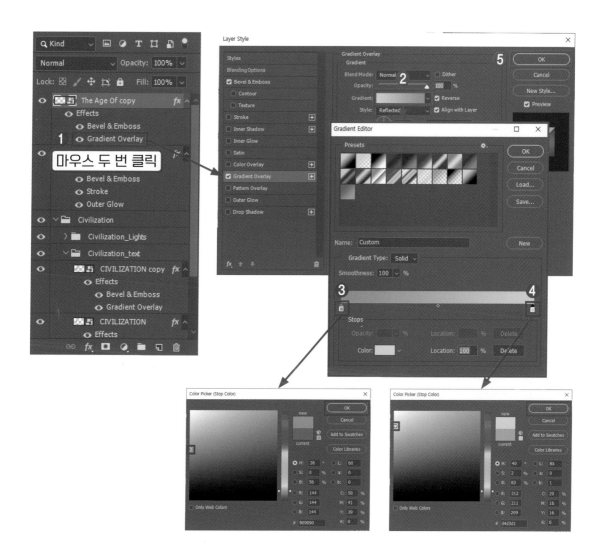

11. 레이어 스타일 변경하기 2

The Age Of 레이어에 적용된 효과의 수정은 [Stroke]의 색상 및 두께, [Outer Glow]의 색상과 두께만 폰트에 맞추어 변경합니다.

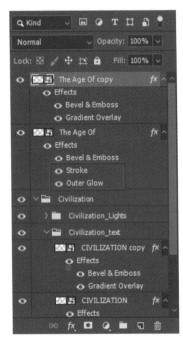

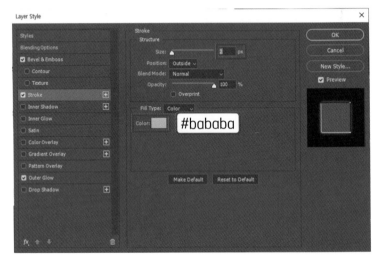

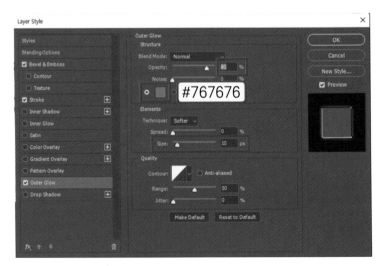

12. 그룹 정리하기

❶ The Age Of 레이어와 The Age Of copy 레이어를 [Shift]로 모두 선택하고 [Ctrl] + [G]를 눌러 그룹으로 묶어줍니다.

❷ 그룹 이름을 두 번 클릭하여 The Age Of로 바꾸어줍니다.

13. 장식용 문자 만들기

❶ The Age Of 레이어의 Smart Object 섬네일을 두 번 클릭하여 작업 창을 엽니다. [Ctrl] + [Shift] + [C]를 눌러 폰트 크기에 딱 맞추어진 캔버스 사이즈를 그림과 같이 조절합니다.

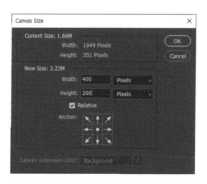

W: 400px, H: 200px 입력하고 Relative를 체크한 후 [OK]를 눌러줍니다.

❷ The Age Of 의 폰트를 [Trajan Pro]와 비슷한 폰트로 바꾸어줍니다. 폰트의 크기는 150pt로 조절하고 [Ctrl] + [S]를 눌러 저장합니다.

❸ 기존 작업 창으로 다시 돌아와 CIVILIZATION 텍스트의 하단에 'The Creation Of Hangeul'이라고 씁니다.

❹ 기존과 마찬가지로 Smart Object로 속성을 바꾸어줍니다.

❺ Smart Object 섬네일을 두 번 클릭하여 작업 창을 열고, [Ctrl] + [Shift] + [C]를 눌러 Canvas Size 창을 엽니다. Relative에 체크를 하고 W: 400px, H: 200px를 입력한 후 [OK]합니다.

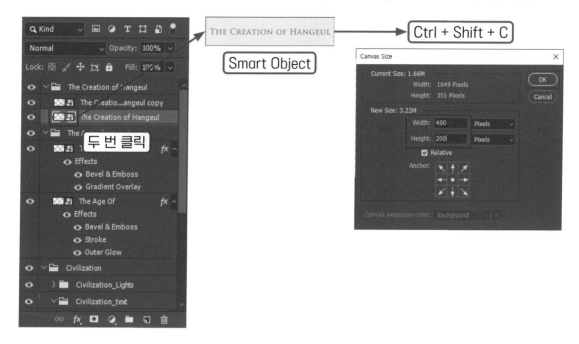

❻ 기존 서체를 [Bickham Script Pro]와 비슷한 서체로 바꾸고, 폰트 크기를 150pt로 변경합니다.

❼ 좌측 툴 바에서 [Custom Shape Tool]을 선택하고, 상단의 Shape 모음 중 Ornament 1을 선택한 후 그림과 같이 텍스트의 좌측에 드래그하여 그려줍니다.

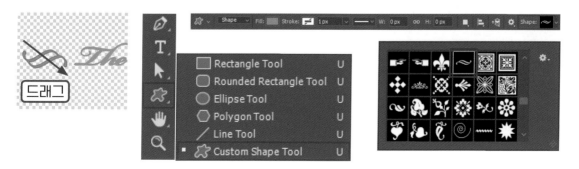

❽ 좌측 툴 바에서 [Path Selection Tool]을 선택하고 그려진 Shape를 선택합니다. [Ctrl] + [C]를 눌러 복사하고, [Ctrl] + [V]를 눌러 붙여 넣습니다.

❾ [Ctrl] + [T]를 눌러 [Transform]을 실행하고, 마우스 오른쪽 버튼을 클릭한 후 [Flip Horizontal]을 실행하여 좌우 반전을 시킵니다. 그리고 [Enter]를 눌러 [Transform]을 완료합니다.

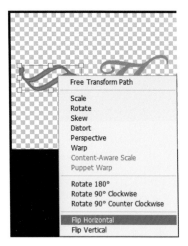 

❿ [Flip Horizontal]을 실행시켰던 Shape를 화면 우측 끝으로 이동합니다.

⓫ [Ctrl] + [S]를 눌러 저장하고 기존 작업 창으로 돌아옵니다.

⓬ Smart Object가 적용된 기존 작업 창입니다. 이제 The Age Of에 적용된 Layer Style을 The Creation of Hangeul에 적용해보겠습니다.

⓭ The Age Of 레이어를 마우스 오른쪽 클릭하여 [Copy Layer Style]을 하고, The Creation of Hangeul 레이어에 [Paste Layer Style]을 합니다. The Age Of copy 레이어를 마우스 오른쪽 클릭하여 [Copy Layer Style], The Creation of Hangeul copy 레이어에 [Paste Layer Style]합니다.

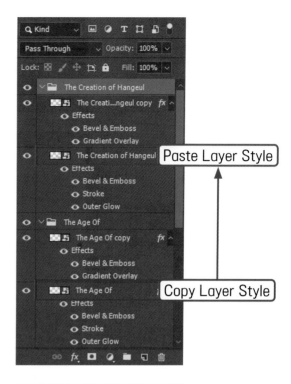

⓮ The Age Of copy 레이어를 마우스 오른쪽 클릭하여 [Copy Layer Style]을 하고, The Creation of Hangeul copy레이어에 [Paste Layer Style]을 합니다.

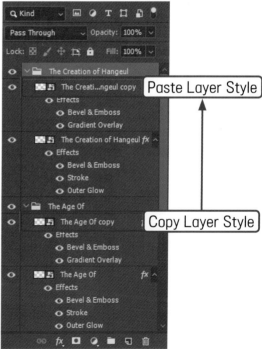

14. 완성

다음과 같이 금속 활자 느낌의 텍스트 이미지가 완성되었습니다.

LESSON 04. 입체적인 느낌의 텍스트 디자인

이번 예제에서는 Pen Tool과 Mixer Brush를 이용하여 솜사탕 느낌의 입체적인 텍스트를 제작해보도록 하겠습니다.

*주 사용 기능: Pen Tool, Mixer Brush
*예제 파일: Part4_ch2_lesson04.jpg
*완성 파일: Part4_ch2_lesson04_완성.PSD
*활용도: ★★★★★
*난이도: ★★★★

[완성 이미지]

01. 배경 이미지 불러오기

[Ctrl] + [O]를 누르거나, 메뉴 바에서 [File] – [Open]을 눌러 Part4_ch2_lesson04.jpg 파일을 불러
옵니다.

02. 텍스트 입력하기

좌측 툴 바에서 [Type Tool]을 선택한 후 다음과 같이 텍스트를 입력합니다(물론 다른 문구를 사용해
도 무방합니다).

03. 펜 툴로 문자 패스 만들기

❶ 좌측 툴 바에서 [Pen Tool]을 선택한 후, 옵션 바의 Pick Tool Mode에서 [Path]를 선택하고 텍스
트를 따라 패스로 그려줍니다.

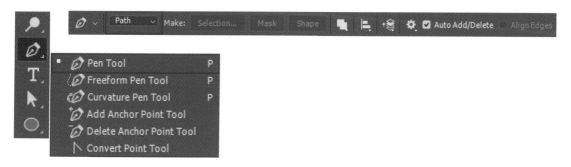

❷ [Pen Tool]로 다음과 같이 path 작업을 합니다.

[Pen Tool]로 첫 점을 찍습니다.

두 번째 점을 찍은 채로 마우스를 당기면서 곡선 조절을 합니다.

[Alt]를 누른 채 두 번째 점에 커서를 대면 커서 모양이 바뀝니다. 클릭하면 핸들 한쪽이 사라집니다.

세 번째 점을 찍은 채로 마우스를 당기면서 곡선 조절을 합니다.

네 번째 점을 찍은 채로 마우스를 당기면서 곡선 조절을 합니다.

위와 같은 방법으로 [Pen Tool]을 사용해 텍스트 모양을 따라가면서 Path를 생성합니다.

[Direct Selection Tool]로 불필요한 라인들을 드래그로 선택하여 [Delete]합니다.

불필요한 라인들을 정리한 모습입니다.

❸ Path의 수정은 다음과 같이 합니다.

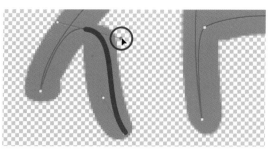

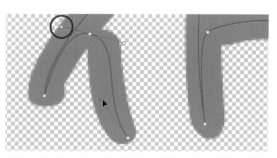

Path의 라인을 선택하면 연결된 핸들이 나타납니다. 핸들을 클릭-드래그하면 곡선을 조절할 수 있습니다.

점을 선택하면 해당 점의 핸들만 나타납니다. 핸들을 클릭-드래그하면 곡선을 조절할 수 있습니다.

05. Mixer Brush 만들기

❶ 좌측 툴 바에서 [Ellipse Tool]을 선택하고 빈 공간에 드래그로 그려줍니다.

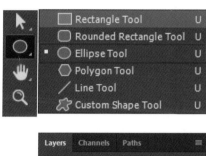

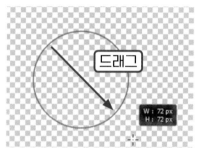

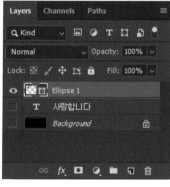

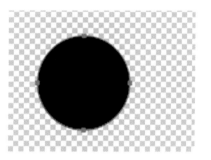

❷ Ellipse 1 레이어를 마우스 오른쪽 클릭하고 [Rasterize Layer]를 실행시켜 Shape를 이미지로 만듭니다.

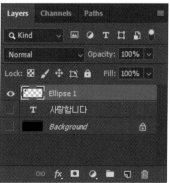

❸ Ellipse 1 레이어의 빈 공간을 두 번 클릭하여 Layer Style의 Gradient Overlay를 적용합니다 (Gradient의 색상은 임의로 지정해서 사용해도 됩니다).

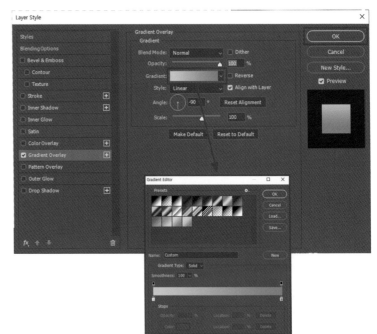

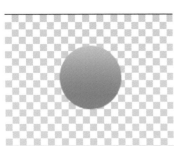

❹ 좌측 툴 바에서 Brush 아이콘을 길게 누르면 [Mixer Brush Tool]을 찾을 수 있습니다.

❺ [Mixer Brush Tool]을 선택 후 브러시 패널에서 Hard Round 123 브러시를 선택하고 Spacing을 1%로 수정합니다.

❻ 키보드의] 또는 [키를 눌러 브러시 사이즈
를 그림에 맞춥니다.

] 또는 [키로 브러시 사이즈를 맞춥니다.

❼ [Alt]를 누르면 마우스 커서가 변하는데, 이때 클릭을 해주면
Mixer Brush가 등록됩니다. 이때 Load Solid Colors Only
는 반드시 체크가 해제되어 있어야 합니다.

Alt를 눌러서 커서가 변할 때,
마우스를 클릭합니다.

Load Brush
Clean Brush

Load Solid Colors Only

체크가 반드시
해제되어 있어야
합니다.

❾ 패스 패널에서 Mixer Brush로 그려줄 Path
를 선택합니다.

Path 선택

❿ 레이어 패널에서 Layer 1을 추가합니다.

레이어 추가

⓫ 좌측 툴 바에서 [Direct Selection Tool]을 선택하여 그려진 Path를 드래그로 모두 선택해줍니다.

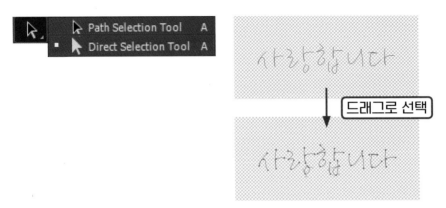

⓬ 다시 좌측 툴 바의 [Mixer Brush Tool]을 선택하고 키보드의 `]` 또는 `[` 키를 조절하여 글자 위로 지나갈 브러시의 크기를 다음과 같이 조절합니다.

⓭ [Direct Selection Tool]을 선택합니다.

⓮ Path 위에서 마우스 오른쪽 클릭을 하면 다음과 같은 메뉴가 나옵니다. 여기서 [Stroke Path…]를 선택하고 [Stroke Path] 창을 확인한 후 [OK]를 누릅니다.

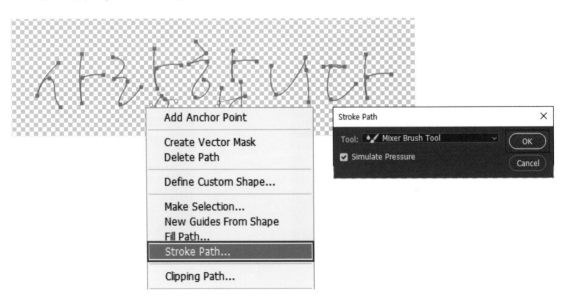

⑮ 다음과 같이 Mixer Brush가 적용된 것을 볼 수 있습니다.

06. 레이어 정리

❶ Layer 1을 [Convert to Smart Object]로 변환시킵니다.

❷ [Ctrl] + [J]를 눌러 Layer 1을 Layer 1 copy 레이어로 복제합니다.

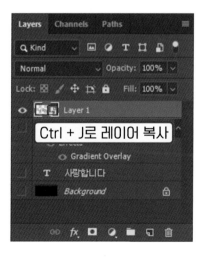
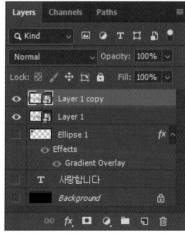

07. 텍스트 꾸미기

❶ Layer 1 copy 레이어의 빈 공간을 두 번 클릭하여 [Color Overlay]를 적용해줍니다. Blend Mode 는 Lighten, Color는 (#ff0000)으로 설정해줍니다.

 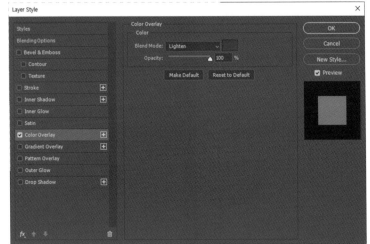

❷ Layer 1 copy 레이어에 [Add layer mask]를 적용합니다.

❸ [투명 – 검은색]의 Gradient를 적용합니다.

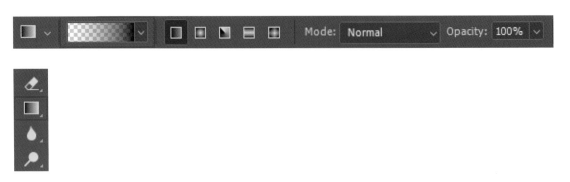

❹ Layer 1 copy의 마스크 영역이 선택된 것을 확인한 후, 그림과 같이 드래그하여 Gradient를
Layer Mask에 적용시킵니다.

❺ Background 레이어를 숨김 해제합니다.

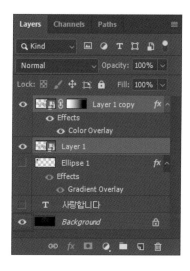

❻ Layer 1과 Layer 1 copy를 [Shift]를 누르고 모두 선택한 후, [Ctrl] + [G]를 눌러 그룹으로 묶어 줍니다.

❼ Layer Style은 그룹에도 적용할 수 있습니다. 다음과 같이 Group 1에 [Inner Glow]와 [Drop Shadow]를 넣어 입체감을 더하여 주고, [Outer Glow]로 분위기를 마무리해주면 완성됩니다.

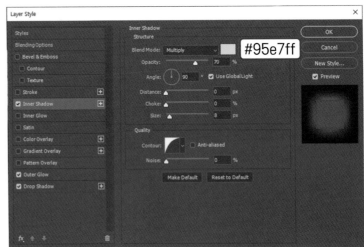

Inner Shadow
- Blend Mode: Multiply
- Color: #95e7ff
- Opacity: 70%

Drop Shadow

- Blend Mode: Multiply
- Color: #000000
- Opacity: 100%
- Angle: 90
- Distance: 2px
- Spread: 0%
- Size: 10px

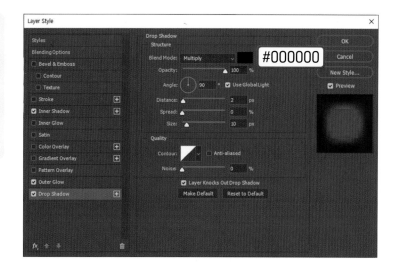

Outer Glow

- Blend Mode: Screen
- Opacity: 40%
- Noise: 0%
- Color: #dda7ff

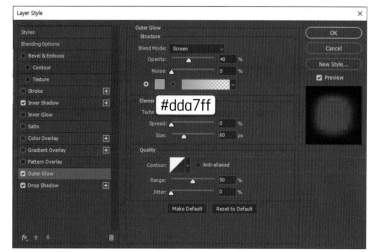

SNS

×

YOUTUBE

×

PHOTOSHOP

CHAPTER

/

01

유튜브 채널 아트 만들기

—

02

유튜브 섬네일 만들기

PART 05

시선을 사로잡는 대표 이미지

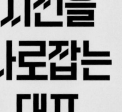

유튜브 채널 아트 만들기

LESSON 00. 채널 아트 만들기 전 알아야 할 것

채널 아트란?

채널 아트는 유튜브 채널을 개설하면 맨 처음 보이는 페이지의 상단에 들어가는 대표 이미지를 말합니다. 채널의 성격에 따라 대표되는 이미지를 보여주어 해당 채널의 첫 인상을 좌우한다고 할 수 있을 만큼 중요한 부분입니다.

채널 아트 이미지 사이즈

유튜브 채널은 여러 가지 방법으로 구독이나 시청이 가능합니다. 컴퓨터로 볼 수도 있고 스마트폰이나 태블릿으로도 볼 수 있습니다. 그리고 많지는 않지만 TV를 통해서도 볼 수 있습니다. 이렇게 다양한 플랫폼들은 각각 해상도가 달라서 그에 따라 채널 아트도 다르게 보이게 됩니다. 그러면 채널 아트를 만들 때 크기는 무엇을 기준으로 만드는 걸까요?

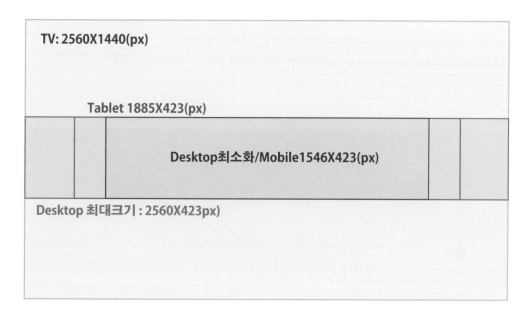

위의 사이즈 가이드 그림처럼 가장 큰 사이즈인 TV(2560×1440px)를 기준으로 제작하고 가장 작은 사이즈인 Desktop과 Mobile(1546×423px) 크기 안에 제목이나 중심이 되는 가장 중요한 정보를 배치하면 됩니다. 그리고 이미지를 업로드할 때는 TV사이즈 전체를 업로드하면 해당 플랫폼에 맞는 영역이 보여지게 되는 것입니다.

Lesson 01. 타이틀 중심의 채널 아트 만들기

채널 아트의 스타일은 그 채널의 성격과 운영자의 성향에 따라 매우 다양합니다. 그중에서도 이번 예제에서 만들 채널 아트의 스타일은 이미지 보다는 채널의 제목의 폰트를 중심으로 합니다. 요즘 다양한 연령과 많은 수의 구독자를 가지고 있는 Beauty 관련 채널을 주제로 제작하겠습니다.

*주 사용 기능: Special Effects Brushes, Gradient Overlay
*예제 파일: part5_ch1_lesson01.PSD
*완성 파일: part5_ch1_lesson01_완성.PSD
*활용도: ★★★★★
*난이도: ★★★

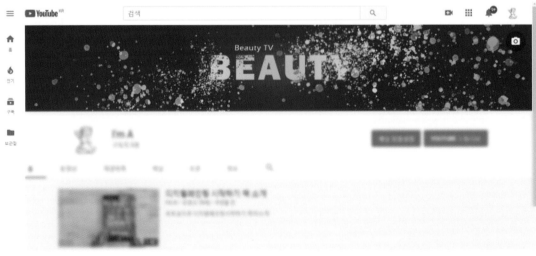

01. 새 작업 창 만들기

❶ [Ctrl] + [O]을 눌러 part5_ch1_lesson01.PSD 파일을 열고, Layer 0의 눈 모양 아이콘을 해제하여 레이어가 보이지 않도록 합니다.

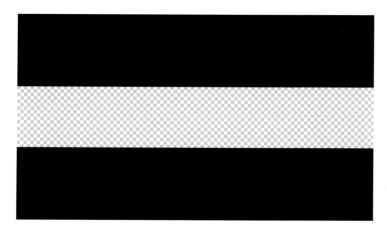 

02. Type Tool로 제목 넣기

❶ [Type Tool]을 선택하여 굵은 폰트를 선택하고 폰트 사이즈는 180pt로 'BEAUTY'를 써 넣습니다.
❷ 쓰여진 텍스트가 가운데로 오도록 [Center text] 버튼을 눌러 정렬해줍니다.

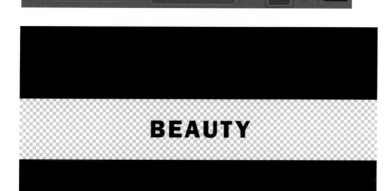 

03. Type Tool로 제목 넣기

❶ 경계가 부드러운 브러시를 선택하고 사이즈는 600px, 색상은 검은색으로 선택합니다.

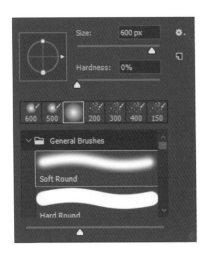

❷ BEAUTY 레이어 아래에 새 레이어를 만들고 왼쪽 마우스를 한 번 클릭하여 점을 찍어 줍니다.

❸ [Ctrl] + [T]로 스케일 조정하여 그림과 같이 가로로 넓은 형태로 만들고, 위치를 글자 아래쪽으로 이동한 후 이름을 '그림자'로 바꿉니다.

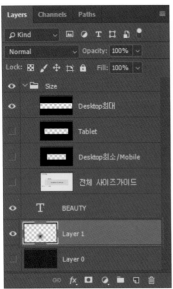

04. 글자가 깨지는 효과 만들기

❶ 새 레이어를 만듭니다.

❷ 레이어 패널에서 눈 모양 아이콘을 클릭하여 'Desktop최대' 레이어는 가리고, Layer 0은 보이도록
해줍니다.

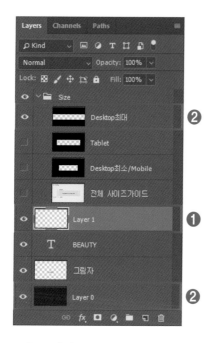

❸ 브러시 중 Special Effects Brushes 폴더 안의 [Kyle's Spatter Brushes – Spatter Bot Tilt] 브
러시를 선택합니다.

❹ 브러시의 세부 설정에서 Scattering을 설정합니다. Scatter 120%, Count 5, Count Jitter 50%
로 바꾸어줍니다.

❺ 전경색을 검은색으로 선택하고 글자 주변을 여러
번 클릭하여 깨진 파편이 날아가는 것과 같은 형
태를 만듭니다.

❻ Layer 2의 이름을 '효과브러시'로 바꿉니다.

05. 그룹 마스크

❶ [Shift]를 눌러 BEAUTY 레이어와 효과브러시 레이어를 동시에 선택한 후 [Ctrl] + [G]를 눌러 그
룹으로 만듭니다.

❷ 그룹을 선택한 후 레이어 패널 하단에 [Add a mask] 아이콘을 눌러 그룹 마스크를 만듭니다.

❸ 그룹 마스크를 선택한 상태에서 글자의 경계 면을 위주로 브러시를 찍어줍니다. 그러면 브러시 모양으로 폰트가 지워지며, 글자가 부서져서 흩어지는 분위기를 연출할 수 있습니다.

06. 색 넣기

❶ Group 1을 더블클릭하여 Layer Style 창을 열고 Gradient Overlay 효과를 줍니다.

❷ Gradient Overlay의 세부 설정은 다음과 같습니다.

Gradient 색상 값: (좌측부터) #6cbfea, #b7d3c3, #f6e999, #f4beab, #f496b3

Blend Mode: Normal, **Opacity:** 100%, **Style:** Radial, **Angle:** 72°, **Scale:** 123%

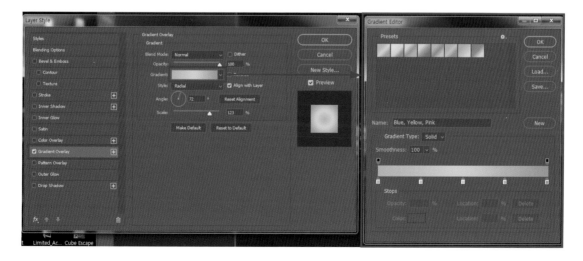

❸ 다음과 같이 레이어 스타일이 Group 1에 적용된 모습을 볼 수 있습니다.

07. 작은 제목 넣기

❶ Group 1을 선택한 후, [Type Tool]을 클릭합니다.

❷ 효과가 들어간 큰 글자 위에 소제목이나 작은 타이틀을 다음과 같이 추가해줍니다(여기서는 'Beauty TV'라고 입력하였습니다).

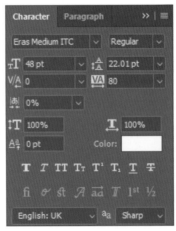

08. 제목 강조하기 1

❶ 그림자 레이어를 선택한 후, 새 레이어 만들기를 눌러 〈Layer 1〉을 만듭니다.

❸ 툴 바에서 [Gradient Tool]을 선택하고 상단의 옵션 바에서 [Radial Gradient]를 선택합니다. 그리고 전경색은 흰색, 배경색은 검은색으로 설정합니다.

❷ 툴 바에서 [Elliptical Marquee Tool]을 클릭한 후 [Alt] + [Shift] 누르고 드래그하여 원형 선택 영역을 만듭니다.

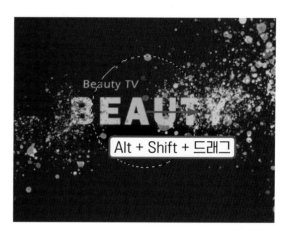

❹ 원형 선택 영역의 중심으로부터 바깥쪽으로 드래그하여 그라데이션으로 색을 채웁니다.

❺ [Ctrl] + [D]를 눌러 선택 해제 후 상단 메뉴에서 [Filter] – [Blur] – [Gaussian Blur]를 실행해 Radius를 50px로 설정합니다.

❻ 레이어의 Blending Mode를 Color Dodge로 설정하고 Opacity를 50%로 조절합니다.

09. 제목 강조하기 2

❶ 단축키 [Ctrl] + [T]를 눌러
Scale을 그림과 같이 가로로
넓은 형태로 조정합니다.

❷ 단축키 [Ctrl] + [U]를 눌러 [Hue/Saturation] 창을 열고 Colorize에 체크하여 색을 넣어줍니다.

❸ 그림과 같이 채도와 색상을 조정합니다. Hue
는 202, Saturation은 30으로 하고 Colorize
를 체크합니다.

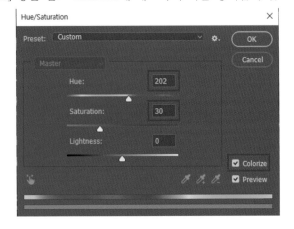

10. 완성

전체적인 색감이나 위치가 잘 맞는지 확인하고 채널 아트로 적용시켜 봅니다.

Lesson 02. 지폐에 인쇄된 느낌의 채널 아트 만들기

어떤 영화의 포스터는 지폐를 콘셉트로 하여 배우들의 얼굴이 지폐에 인쇄된 것처럼 만들어 화제를 불렀습니다. 이와 같은 방법으로, 이번 예제에서는 사진을 이용하여 지폐에 인쇄된 듯한 효과를 넣고 재테크와 관련된 채널 아트 이미지를 만들어보도록 하겠습니다.

*주 사용 기능: Posterize, Filter Gallery, Gradient Map
*예제 파일: part5_ch1_lesson02_a.PSD, part5_ch1_lesson02_b.PSD
*완성 파일: part5_ch1_lesson02_완성
*활용도: ★★★★★
*난이도: ★★★★

01. 새 작업 창 만들기

❶ [Ctrl] + [O]을 눌러 part5_ch1_lesson02_a.PSD 파일을 엽니다.

❷ Cat 레이어를 선택하고 단축키 [Ctrl] + [J]를 눌러 레이어를 복사합니다.

 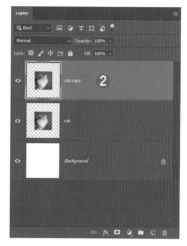

02. Posterize 적용하기

❶ [Image] – [Adjustments] – [Posterize]를 눌러 창을 엽니다.

❷ Levels를 12로 설정하고 [OK]를 클릭합니다.

03. 화면 크기 늘이기

❶ 툴 바에서 [Crop Tool]을 선택하고 [Alt]를 누른 채로 드래 그하여 화면을 50% 정도 늘립니다.

❷ [Enter]를 눌러 적용합니다.

04. Halftone Filter 적용하기

❶ 새 레이어를 만듭니다.

❷ 툴 바에서 전경색과 배경색을 초기화합니다.

❸ [Ctrl] + [Delete]를 눌러 흰색으로 레이어를 채웁니다.

❹ 상단 메뉴에서 [Filter] – [Filter Gallery]를 클릭하여 창을 엽니다.

❺ Sketch 폴더에 Halftone을 선택합니다.

❻ Pattern Type를 Line으로 선택하고 Size는 1, Contrast는 50으로 설정한 후 [OK]를 클릭하여 완료합니다.

아이콘을 클릭하면 전경색과 배경색이 초기화됩니다.

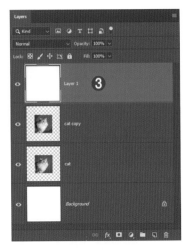

05. Distort Filter 적용하기

❶ 상단 메뉴에서 [Filter] – [Distort] – [Wave]를 선택하여 창을 엽니다.

❷ Type는 Sine으로 설정합니다.

❸ Number of Generators: 1 / Wavelength의 Min:1, Max: 200 / Amplitude의 Min: 1, Max: 40 / Scale의 Horiz: 100%, Vert: 100%로 설정한 후, [OK]를 클릭하여 적용합니다.

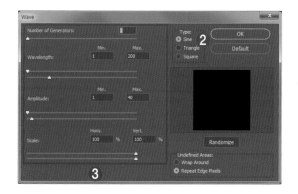 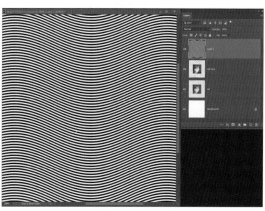

06. 레이어 각도조절

❶ 앞 단계에서 필터를 적용시킨 레이어를 선택하고 [Ctrl] + [J]를 눌러 복사합니다.

❷ 원본 레이어를 선택하고 [Ctrl] + [T]를 누릅니다. 상단 옵션 바에서 각도를 45도로 설정한 후 [Enter]를 눌러 적용합니다.

❸ 복사한 레이어를 선택하고 같은 방법으로 각도를 조정합니다. 방금 복사한 레이어와 교차되도록 이번에는 −45로 설정합니다.

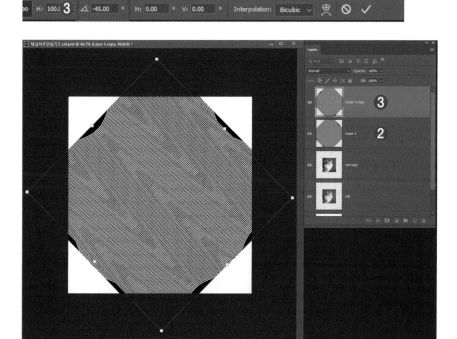

07. 레이어의 Blending Mode 바꾸기
❶ 전 단계에서 각도를 바꾼 두 레이어 모두 레이어의 Blending Mode를 Overlay로 설정합니다.

08. 사이즈 조정하기
❶ [Ctrl]을 누른 채로 cat copy 레이어의 섬네일 부분을 클릭하여 선택합니다.
❷ 영역이 선택된 채로 상단 메뉴에서 [Edit] – [Copy Merged]를 선택하여 복사합니다.
❸ [Ctrl] + [V]를 눌러 붙여 넣습니다.
❹ 복사한 레이어를 선택한 후 [Ctrl] + [T]를 누릅니다. 그리고 드래그하여 크기를 원래 이미지의 4분의 1 정도로 작게 줄입니다.

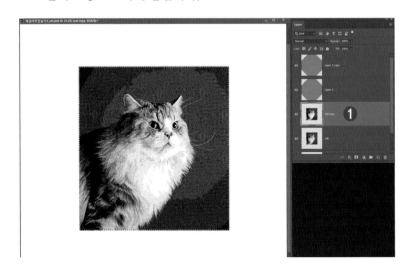

09. 배경 이미지에 맞추기

❶ [Ctrl] + [O]을 눌러 part5_ch1_lesson02_b.PSD 파일을 엽니다.

❷ 앞 단계에서 복사하여 크기를 줄인 레이어를 드래그하여 새로 불러온 파일의 작업 창으로 이동시킵니다.

❸ [Alt]를 누른 채 Layer 4의 레이어 경계 부분을 클릭하고 방금 드래그한 레이어를 Clipping Mask로 연결합니다.

❹ 원형 안쪽에 고양이의 얼굴이 배치되도록 레이어 위치를 이동합니다.

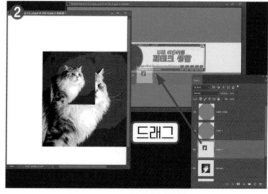

10. 색감 맞추기

❶ Layer 5를 선택한 후 [Create new fill or adjustment layer]를 클릭하고 [Gradient Map]을 선택합니다.

❷ 해당 레이어만 적용되도록 아이콘을 클릭하여 Clipping Mask를 적용합니다.

❸ Gradient 바를 클릭하여 창을 엽니다.

❹ Gradient 슬라이더 중에서 밝은 부분을 클릭하여 선택합니다.

❺ 색상을 선택할 부분을 클릭하여 창을 엽니다.

❻ 그 상태에서 작업 화면의 배경 부분으로 커서를 가져가면 스포이트로 바뀝니다. 클릭하여 색상을 바꿉니다.

❼ 어두운 부분의 슬라이더도 같은 방법으로 작업 화면의 배경 부분에 가장 어두운 색상을 선택하여 색을 바꿉니다.

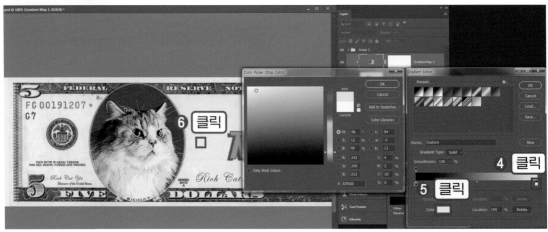

11. 마무리
전체적인 색감이나 위치가 잘 맞는지 확인하고 채널 아트로 적용시켜 봅니다.

Lesson 03. 사진 속에 조화롭게 타이틀 배치하기

이번 예제에서는 여러분이 직접 찍은 사진 속에 텍스트가 배경과 같은 공간에 있는 것처럼 조화롭게 만들어 넣어보겠습니다. 이러한 방법은 사진의 상태에 따라 다르게 디자인되겠지만 이번 예제를 통해 기본적인 방법을 익힌다면 충분히 응용할 수 있을 것입니다.

*주 사용 기능: Convert to Smart Object, Layer Style
*예제 파일: Part5_ch2_lesson03_a, Part5_ch2_lesson03_b
*완성 파일: Part5_ch2_lesson03_완성
*활용도: ★★★★★
*난이도: ★★★

[완성 이미지]

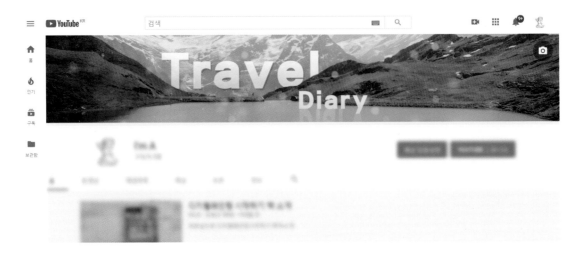

01. 새 작업 창 만들기

❶ [Ctrl] + [O]을 눌러 Part5_ch1_lesson03_a.
jpg 파일을 엽니다.

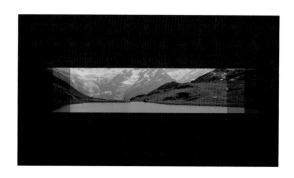

02. 메인 타이틀 만들기

❶ 툴 바에서 Type Tool(문자 툴)을 선택하고
볼드체의 폰트를 고릅니다. 그리고 색상은 흰
색, 폰트 사이즈는 200pt로 맞춘 후 'Travel'
이라고 씁니다.

❷ 그림과 같이 두 개의 산맥 사이에 위치하며 채
널 아트의 최소 크기에서 타이틀이 화면 밖으
로 잘리지 않도록 배치합니다.

03. 메인 타이틀 다듬기

❶ 텍스트 레이어에 마우스 오른쪽 클릭을 하여 [Convert to Smart Object]를 선택하고, 스마트 오
브젝트로 바꾸어줍니다.

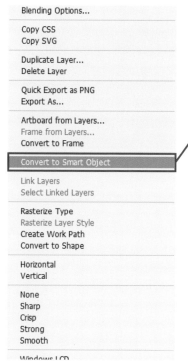

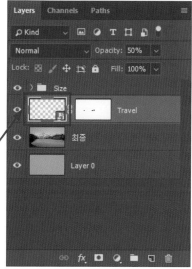

❷ 레이어의 Opacity를 50%로 설정한 후 레이어 패널 하단에서 [Add Layer Mask]를 클릭하여 마스크를 적용합니다. 그 후, 브러시로 검은색을 선택하고 산과 겹친 부분을 지워줍니다.

 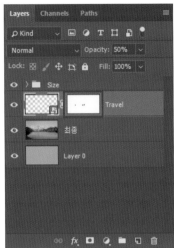

04. 메인 타이틀에 레이어 스타일 적용하기

❶ 'Travel' 레이어를 더블클릭하여 Layer Style 창을 열고 Stroke를 다음과 같이 적용합니다.

Size: 1px
Position: Outside
Blend Mode: Normal
Opacity: 60%
Color: #79a0b0

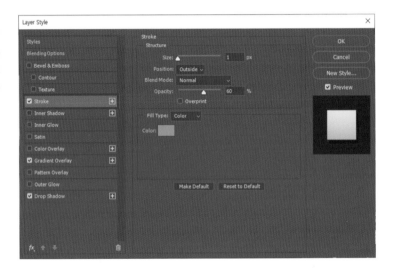

❷ Gradient Overlay를 다음과 같이 적용합니다.

Blend Mode: Normal
Opacity: 100%
Gradient: #86c2bd – #ffffff
Style: Linear
Angle: 87°
Scale: 150%

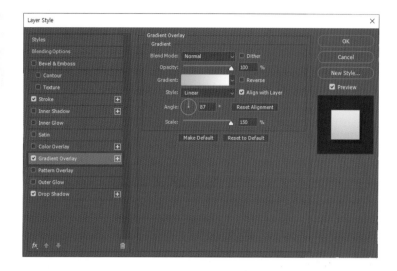

❸ Drop Shadow를 다음과 같이 적용합니다.

Blend Mode: Overlay
Color: #000000
Opacity: 26%
Angle: 120°
Distance: 9px
Spread: 19%
Size: 3px

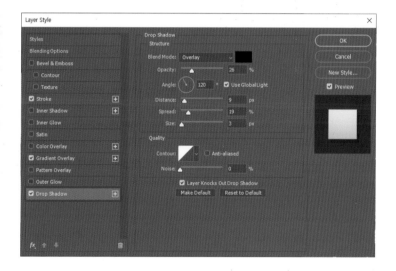

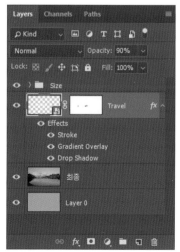

❹ Travel 레이어의 Opacity 값을 90%로 조절해줍니다.

05. 보조 타이틀 만들기

❶ 툴 바에서 Type Tool을 선택하고 색상은 흰색, 크기는 100pt로 맞춘 후 'Diary'라고 씁니다.

❷ 위치는 그림과 같이 채널 아트의 최소 사이즈를 고려하여 배치합니다.

06. 레이어 스타일 적용

❶ Travel 레이어에 적용된 레이어 스타일에 [fx] 아이콘을 [Alt]를 누른 채로 드래그하여 Diary 레이어에 복사합니다.

❷ Diary 레이어의 스타일을 열고 Drop Shadow는 눈 아이콘을 클릭하여 체크를 해제합니다.

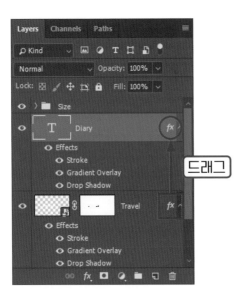

❸ Gradient Overlay의 색상값을 (#86c2bd − #f9fbdd)로 수정하여 적용합니다.

❹ Stroke의 Opacity 값을 다음과 같이 수정하여 적용합니다.

Stroke Size: 1px
Position: Outside
Blend Mode: Normal
Opacity: 40%
Color: #79a0b0

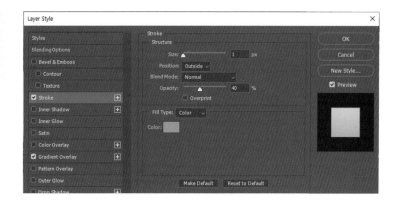

06. 보조 타이틀의 물 그림자 만들기

❶ [Ctrl] + [J]를 눌러 Diary 레이어를 복사하고, Layer Style을 삭제합니다.

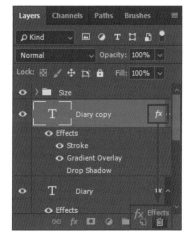

❷ [Ctrl] + [T]를 눌러 [Free Transform]을 실행합니다. 그리고 마우스 오른쪽 버튼을 눌러 [Flip Vertical]을 적용하여 뒤집어줍니다.

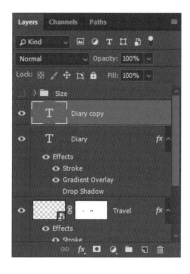

❸ Diary 레이어를 마우스 오른쪽 버튼으로 클릭하여 [Rasterize Type]을 적용하고 텍스트 레이어가 아닌 이미지 레이어로 바꾸어줍니다.

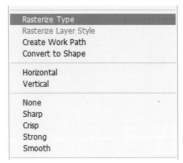

TIP. Rasterize(래스터화)
기본적으로 Shape Tool과 Type Tool에서 생성된 레이어는 벡터 레이어로 만들어집니다. 이 벡터 레이어를 픽셀 기반의 이미지 레이어로 변환시켜 주는 것이 Rasterize입니다.

❹ Diary 레이어에 [Ctrl] + [T]를 눌러 [Free Transform]을 실행하고, [Flip Vertical]을 실행하여 이미지를 거꾸로 뒤집어줍니다.

❺ 뒤집혀진 Diary 이미지를 그림과 같이 변형시키고, [Enter]를 눌러주면 변형된 이미지가 적용됩니다.

❻ [Move Tool]로 그림과 같이 이미지를 옮겨주고, [Rectangular Marquee Tool]로 'Diar' 부분만 선택합니다.

 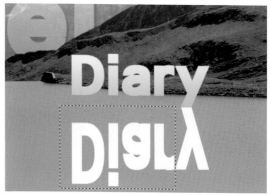

❼ [Move Tool]을 선택하고 키보드 ↑ 키로 선택된 이미지만 다음과 같이 이동시킵니다.

❽ 레이어의 Blending Mode는 Soft Light로, Opacity는 50%로 설정해줍니다.

❾ [Add Layer Mask]를 클릭하고, 마스크 레이어에 다음과 같이 Gradient를 적용하여 이미지가 서서히 사라져 보이도록 합니다.

07. 보케 효과 적용하기

❶ part5_ch1_lesson03_b.png 파일을 불러옵니다. [Ctrl] + [A]를 눌러 전체를 선택하고 [Ctrl] + [C]를 눌러 이미지를 복사합니다. 그 후, 기존 작업 파일에 [Ctrl] + [V]를 눌러 붙여 넣습니다.

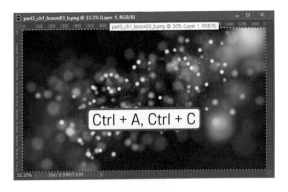

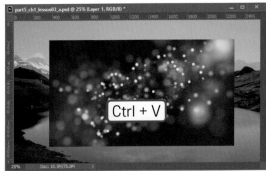

❷ Layer 1이 선택된 상태에서 [Ctrl] + [T]를 눌러 그림과 같이 화면에 이미지가 가득 차도록 합니다.

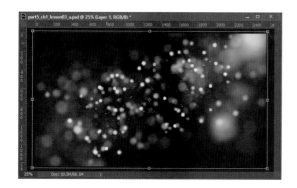

❸ 레이어의 Blending Mode를 Screen으로 하고, Opacity는 40%로 설정합니다.

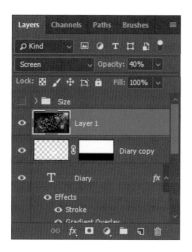

08. 투명도 조정

❶ 타이틀 레이어만 선택한 후 [Ctrl] + [G]를 눌러 그룹으로 묶어줍니다.

❷ Group1의 Opacity를 90%로 조정하여 자연스럽게 만듭니다.

09. 완성

다음과 같이 배경과 텍스트가 조화롭게 어우러진 이미지가 완성됩니다.

완성된 이미지의 전체적인 색감이나 위치가 잘 맞는지 확인하고 채널 아트로 적용시켜 봅니다.

유튜브 섬네일 만들기

Lesson 00. 섬네일 이미지를 만들기 전에 알아야 할 것

유튜브 섬네일 이미지와 사이즈

섬네일 이미지란 유튜브 채널을 만들고 영상을 업로드하면 채널 구독자들에게 노출될 때 가장 먼저 보여지는 작은 창을 말합니다. 구독자들은 이 섬네일 이미지와 제목을 보고 시청여부를 결정하게 된다고 할 수 있을 만큼 중요한 역할을 하는 이미지입니다. 조회수가 높고 구독자를 많이 보유하고 있는 채널은 대체로 동일한 디자인의 포맷을 만들어 사용하지만 개인 채널은 이미지를 따로 설정하지 않는 경우도 있습니다.

섬네일 이미지를 설정하지 않으면 유튜브 시스템에서 자동으로 업로드한 영상의 일부분을 섬네일로 사용하게 됩니다. 하지만 눈에 띄는 이미지로 많은 조회수를 바라는 채널운영자들은 섬네일 이미지의 디자인을 매우 중요하게 생각합니다.

유튜브 설정에서 권장하는 섬네일 이미지의 비율은 16:9이며, 크기는 1920×1080px, 1280×720px, 640×360px입니다. 그중에서 1280×720의 크기를 일반적으로 많이 사용하며 해상도는 웹상에서만 보여지는 작은 이미지이므로 72px로도 충분합니다.

이제 예제를 통해 몇 가지 다른 스타일의 섬네일 이미지를 만들어보도록 하겠습니다.

Lesson 01. 만화 느낌의 코믹한 섬네일 만들기

이번 실습에서는 동물 관련 유튜브에서 흔히 볼 수 있는, 고양이의 문제 행동에 대한 해결 방법을 주제로 한 영상의 섬네일을 만들어볼 것입니다. 동물 관련 영상인 만큼 귀여움을 강조할 수 있는 색상과 서체, 만화적인 느낌 등을 디자인 테마로 하였습니다. Pen Tool과 Shape Tool, Layer Style 등의 기본적인 기능과 함께 만화적 기법을 표현할 수 있는 Filter 기능을 응용하는 법을 배워보도록 하겠습니다.

*주 사용 기능: Type Tool, Shape Tool, Layer Style, Polar Coordinates
*예제 파일: Part05_ch2_lesson01_a.PSD, Part05_ch2_lesson01_b.PSD, Part05_ch2_lesson01_c.PSD
*완성 파일: Part05_ch2_lesson01_완성.PSD
*활용도: ★★★★★
*난이도: ★★★★

[완성 이미지]

01. 새 작업 창 만들기

❶ [Ctrl] + [N]을 눌러 Width 600px, Height 600px의 새 작업 창을 엽니다.

❷ [Create a new layer]를 클릭하여 Layer 1을 생성합니다.

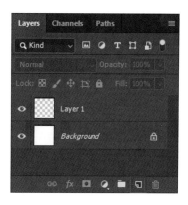

02. 방사형 만화 효과 만들기

❶ 좌측 툴 바에서 [Brush Tool]을 선택하고 상단의 옵션 바의 [Brush Preset Picker]를 눌러 [Legacy Brushes]를 불러옵니다.

❷ [Legacy Brushes] 폴더 안의 [Square Brushes]에서 [Hard Square 24pixel] 브러시를 선택합니다.

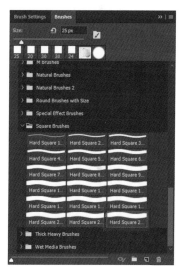

❸ [Brushing Settings]에서 Spacing을 200%로 조절합니다.

❹ 작업 화면 상단 좌측 끝부분부터 [Shift]를 누른 상태로 드래그하여 그림과 같이 그려줍니다.

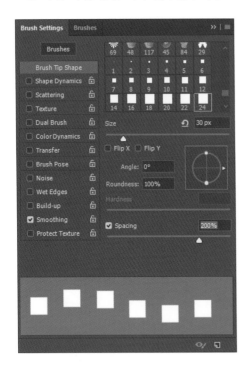

❺ [Ctrl] + [T]를 눌러 [Free Transform]을 실행시키고, 포인트를 잡은 채로 [Shift] + [드래그]하여 세로로 길게 늘립니다.

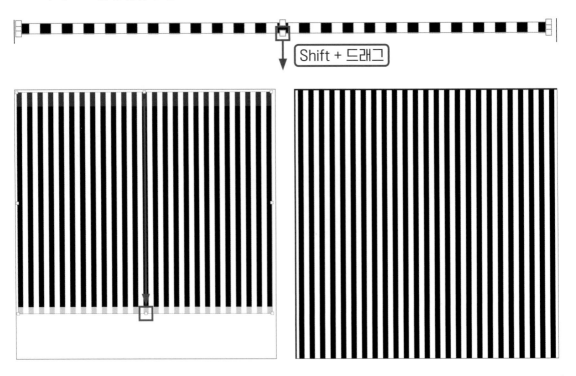

❻ [Filter] – [Distort] – [Polar Coordinates…]를 실행하고 Rectangular to Polar를 체크한 후 [OK]를 누릅니다.

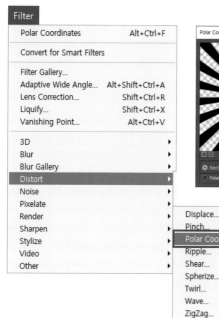

❼ Layer 1에 [Add layer mask]를 적용합니다.

❽ 좌측 툴 바에서 [Gradient]를 선택한 후 [Radial Gradient]를 선택합니다.

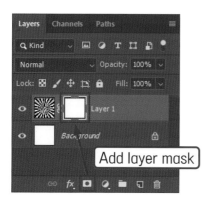

❾ Layer 1의 Mask에 [투명 – 검은색]으로 Radial Gradient를 드래그하여 그려넣습니다.

❿ Layer 1의 눈 아이콘을 눌러 레이어를 숨기고, [Create a new layer]를 눌러 Layer 2를 생성합니다.

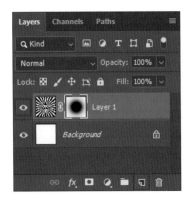

⓫ 좌측 툴 바에서 [Gradient]를 선택한 후, [투명 – 검은색]의 Linear Gradient를 드래그하여 그려넣습니다.

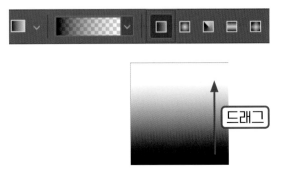
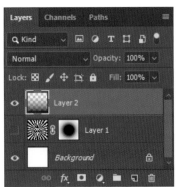

⓬ 좌측과 같은 효과를 주기 위해 [Filter] – [Distort] – [Wave]를 실행합니다. 그 후, 그림과 같이 값을 입력하고 [OK]를 누릅니다.

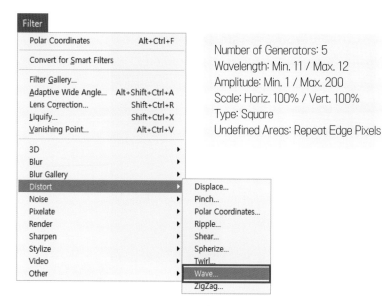

Number of Generators: 5
Wavelength: Min. 11 / Max. 12
Amplitude: Min. 1 / Max. 200
Scale: Horiz. 100% / Vert. 100%
Type: Square
Undefined Areas: Repeat Edge Pixels

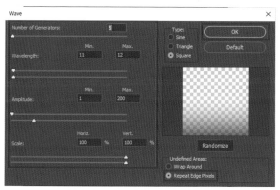

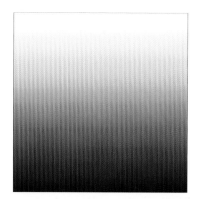

⓭ [Filter] – [Distort] – [Polar Coordinates…]를 실행하고 Rectangular to Polar를 체크한 후 [OK]를 누릅니다.

⓮ Layer 1의 숨김을 해제합니다. 그러면 레이어 두 장이 겹쳐져 다음과 같은 효과가 나타납니다.

03. 이미지 불러오기

❶ [Ctrl] + [O]로 Part5_ch2_lesson01_a.PSD 파일을 불러옵니다. [Ctrl] + [A]로 이미지 전체를 선택하고 [Ctrl] + [C]로 이미지를 복사합니다.

❷ 기존 작업 파일에 [Ctrl] + [V]를 눌러 Layer 3에 붙여 넣습니다.

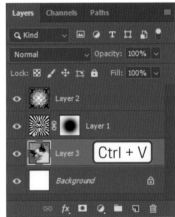

04. 합성하기

❶ Layer 2에도 Mask를 적용하여 [Radial Gradient]를 그려넣습니다.

05. 캔버스 사이즈 조절하기

❶ [Ctrl] + [Shift] + [C]를 눌러 Canvas Size 를 Anchor 포인트 좌측 기준으로 Width 1280px, Height 720px을 입력하고 [OK]를 눌러 캔버스의 사이즈를 조절합니다.

06. 만화느낌 테두리 만들기 1

❶ [Ctrl] + [G]를 눌러 Layer 1과 Layer 2를 그 룹으로 묶습니다.

❷ [Create a new group]을 눌러 Group 2를 생성합니다.

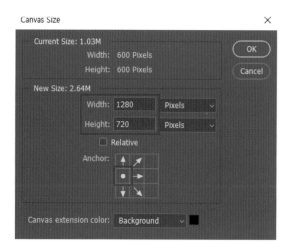

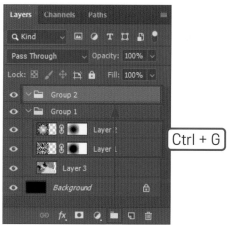

❸ Group 2가 선택된 채로 좌측 툴 바에서 [Rectangle Tool]을 선택하여 그림과 같은 Shape를 그려줍니다.

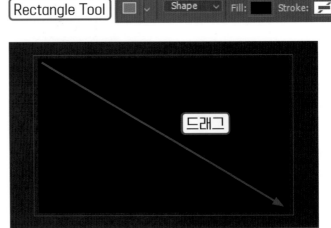

❹ 사각형 Shape 안에 구멍을 뚫어주기 위해 [Exclude Overlapping Shapes]를 선택하고 사각형 안에 사각형을 다시 그립니다.

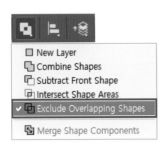

❺ 좌측 툴 바의 [Direct Selection Tool]을 사용해 사각형 Shape의 포인트들을 선택하고 키보드 방향키를 누르면서 다음과 같이 조절합니다.

❻ 같은 방법으로 [Exclude Overlapping Shapes]를 선택하고 우측에 사각형 구멍을 그려주고 다음과 같이 모양을 다듬습니다.

❼ Rectangle 1 레이어에서 사다리꼴 부분만 선택하여 Layer 3에 붙여 넣으면 다음과 같이 shape 가 Mask로 적용됩니다.

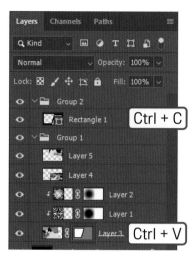

❽ Layer 1과 Layer 2를 [Alt] + [클릭]하여 Layer 3에 Clipping Mask를 적용합니다.

07. 테두리에 이미지 넣기

❶ [Ctrl] + [O]를 눌러 Part5_ch2_lesson01_b. PSD 와 part5_ch2_lesson01_c.PSD 파일을 불러옵니다.

❷ 두 파일을 다음과 같이 [Ctrl] + [A]로 선택, [Ctrl] + [C]로 복사합니다.

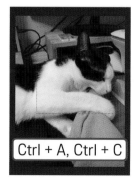

❸ 기존 작업 파일에 두 이미지를 각각 [Ctrl] + [V]로 붙여 넣으면, 그림과 같이 Layer 4와 Layer 5가 생성됩니다.

❹ Layer 5에 [Add layer Mask]를 적용하여 [Linear Gradient]로 Layer 4와 겹치는 부분을 지워줍니다.

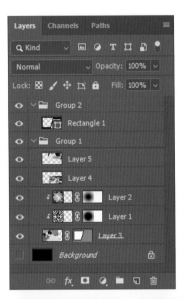

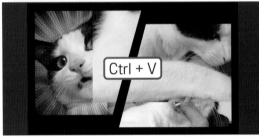

❺ Layer 6을 추가하여 검은색을 채워줍니다.

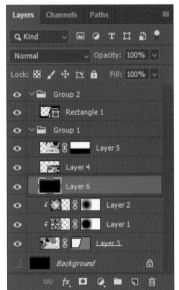

❻ Layer 4와 Layer 5를 [Alt] + [클릭]하여 Layer 6에 Clipping Mask를 적용합니다.

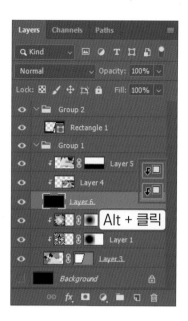

❼ Rectangle 1의 사각형 shape 영역을 선택하고 [Ctrl] + [C]로 복사합니다. 그 후, Layer 6에 [Ctrl] + [V]로 붙여 넣으면 그림과 같이 사진이 깔끔하게 정리됩니다.

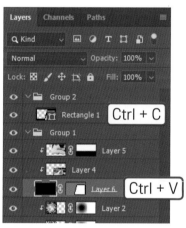

❽ Layer 7을 추가하여 검은색으로 채우고 [Alt] + [클릭]하여 Layer 6에 Clipping Mask를 적용합니다.

08. 테두리에 Layer Style 적용하기

❶ Layer 7의 빈 공간을 두 번 클릭하여 Layer Style의 [Pattern Overlay] 효과를 삽입합니다. 패턴의 Opacity는 40%, Size는 대략 280% 정도로 설정해주고 Pattern 섬네일 옆의 화살표 버튼을 누르면 패턴들이 생성됩니다. 그중에서 Checkers 1 패턴을 선택합니다.

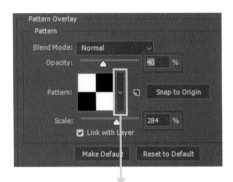
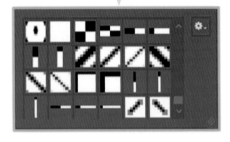

TIP. Pattern 불러오기
Pattern 팔레트 옆의 설정 버튼을 누르면 메뉴가 뜹니다. 가장 하단 블록의 메뉴 중 하나를 선택하면 패턴 세트를 불러올 수 있습니다. 본 예제에서는 [Web Patterns]를 불러오면 Checkers 1 패턴을 선택할 수 있습니다.

❷ 다음 결과와 같이 되도록 테두리에 Layer Style 효과를 넣어보겠습니다. Rectangle 1 레이어의 빈 공간을 두 번 클릭하여 Layer Style 창을 엽니다. 그리고 그림을 참조하여 Layer Style의 옵션인 Stroke, Color Overlay, Pattern Overlay, Drop Shadow를 적용합니다.

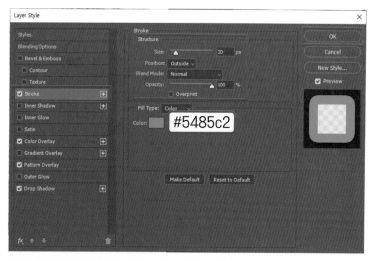

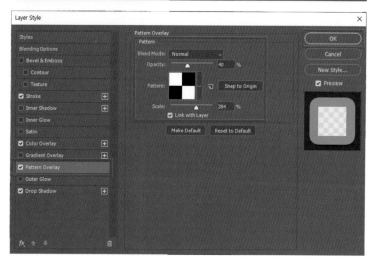

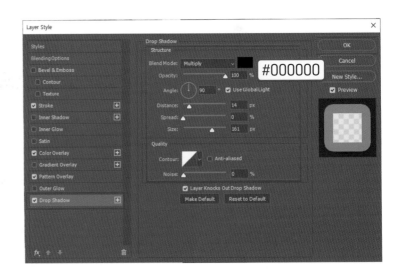

09. 텍스트 꾸미기

❶ 좌측 툴 바에서 [Type Tool]을 선택하여 다음과 같이 텍스트를 입력해줍니다.

❷ 입력한 텍스트에 다음과 같이 Layer Style 효과를 적용해줍니다.

Stroke Size는 5px, 색상은 테두리
의 Stroke와 동일하게 줍니다.

Stroke

Structure
- Size: 5px
- Position: Outside
- Blend Mode: Normal
- Opacity: 100%
- Color: #5485c2

Drop Shadow

Structure
- Blend Mode: Normal
- Color: #5485c2
- Opacity: 100%
- Angle: 130°
- Use Global Light 체크
- Distance: 10px
- Spread: 100%
- Size: 15px

Stroke Size는 10px, 색상은 테두리의 Stroke와 동일하게 줍니다.

Stroke

Structure
- Size: 10px
- Position: Outside
- Blend Mode: Normal
- Opacity: 100%
- Color: #5485c2

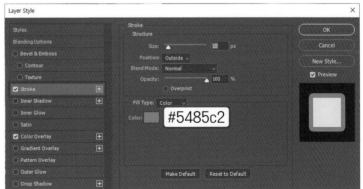

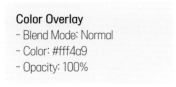

Color Overlay
- Blend Mode: Normal
- Color: #fff4a9
- Opacity: 100%

10. 펜 툴로 만화적 표현하기

❶ [Pen Tool]로 만화적인 표현을 그려보도록 하겠습니다. 좌측 툴 바에서
[Pen Tool]을 선택하고, 상단의 옵션 바에서 [Path]를 선택합니다. 그리
고 다음과 같이 패스를 그려줍니다.

❷ Layer 8을 추가하고, Paths 패널로 가서 Work Path를 선택합니다.

❸ [Direct Selection Tool]을 선택한 후 그렸던 패스를 선택합니다.

❹ [Brush Tool]을 눌러 그림과 같은 브러시(선명한 원, 25px)를 선택합니다.

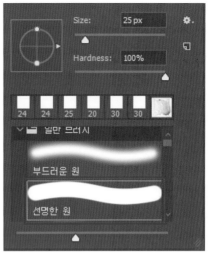

❺ Paths 패널 하단의 [Stroke path with brush]를 눌러줍니다.

❻ Layer 8의 빈 공간을 두번 클릭하여 Layer Style을 실행하고, Stroke와 Color Overlay를 적용하여 다음과 같이 효과를 줍니다.

Stroke
Structure
- Size: 10px
- Position: Outside
- Blend Mode: Normal
- Opacity: 100%
- Color: #5485c2

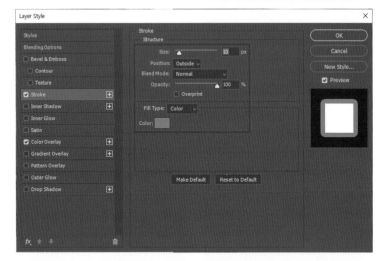

Color Overlay
- Blend Mode: Screen
- Color: #ffffff
- Opacity: 100%

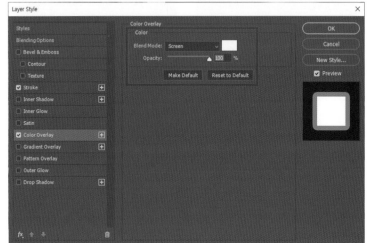

❼ 만화적인 기법을 적용하여 고양이에 대한 유튜브 섬네일 만들기가 완성되었습니다.

Lesson 02. 깔끔하고 세련된 섬네일 만들기

이번 예제에서는 채널 콘셉트에 맞는 로고를 제작하고 타이틀의 디자인을 중점으로 다룹니다. 그리고 영상 제목을 돋보이게 하여 디자이너가 만든 것 같은 깔끔하고 세련된 섬네일 이미지를 제작해보도록 하겠습니다.

*주 사용 기능: Type Tool, Tilt-Shift, Shape Tool
*예제 파일: part5_ch2_lesson02_a.PSD
*완성 파일: part5_ch2_lesson02_완성.PSD
*활용도: ★★★★★
*난이도: ★★★

[완성 이미지]

01. 파일 생성하기

❶ [File] – [New]를 선택하거나 [Ctrl] + [N]을 눌러 New Document 창을 엽니다. Width는 1280px, Hight는 720px로 설정하고 Resolution은 72px로 설정합니다.

❷ Create를 눌러 새 파일을 생성합니다.

02. 화면 나누기

❶ 레이어 패널에서 [Create a new layer]를 눌러 Layer 1을 생성합니다.

❷ 툴 바에서 [Polygonal Lasso Tool]을 선택합니다.

❸ 그림과 같이 영역을 선택합니다.

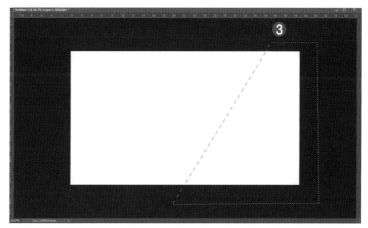

03. 색 채우고 문양 넣기

❶ 전경색을 (#324d8d)로 지정한 후, [Alt] + [Backspace]를 눌러 Layer 1의 선택 영역에 채워줍니다.

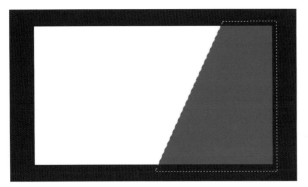 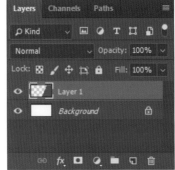

❷ 좌측 툴 바에서 [Custom Shape Tool]을 선택합니다.

❸ 상단 옵션 메뉴의 [Shape]에서 Leaf Ornament 1 모양을 선택합니다.

TIP
모든 형태의 Shape을 보려면 확장 버튼을 눌러
All을 선택해주면 됩니다.

❹ 드래그하여 Leaf Ornament 1 모양을 그림과 같이 그립니다. 이때 Fill은 No color, Stroke color
는 Solid color로 (#0072bc)를 지정해주고, Stroke 두께는 2px, Stroke Option은 점선을 선택
해줍니다.

 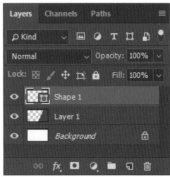

04. Clipping Mask를 적용하기

Shape 1 레이어를 선택한 상태에서 [Alt] + [클릭]하여 Layer 1에 Clipping Mask를 적용합니다.

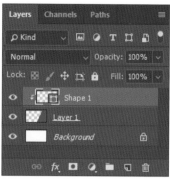

05. Layer Style 적용하기

Layer 1의 빈 공간을 두 번 클릭하여 Layer Style 창을 엽니다. Gradient Overlay를 선택하고 다음과 같이 설정합니다.

Blend Mode: Overlay
Opacity: 30%
Style: Linear
Angle: -47°
Scale: 137%

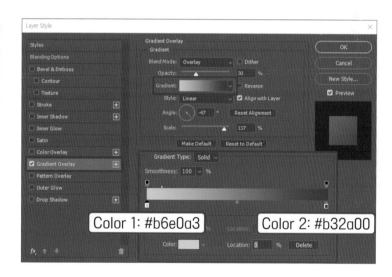

Color 1: #b6e0a3   Color 2: #b32a00

06. 이미지 불러오기

❶ Background 레이어를 선택한 채 메뉴에서 [File] – [Open]을 선택하거나 단축키인 [Ctrl] + [O]를 눌러 part5_ch2_lesson02_a.jpg 파일을 불러옵니다.

❷ 불러온 파일을 [Ctrl] + [A]로 전체 선택한 후 [Ctrl] + [C]로 복사합니다.

❸ 기존 작업 파일에 [Ctrl] + [V]로 붙여 넣어 Layer 2를 만듭니다.

❷ Ctrl + A, Ctrl + C

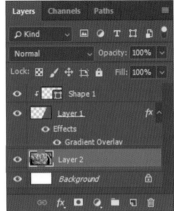

07. 이미지 사이즈 조절하기

[Ctrl] + [T]를 눌러 이미지가 잘 보이도록 조절합니다.

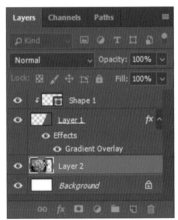

08. 이미지에 Gradient mask를 적용하여 외곽선 정리하기

❶ Layer 2에 [Add layer mask]를 적용합니다.

❷ Layer 2의 mask를 선택한 상태에서 [흰색 – 검은색]의 [Gradient]를 적용하여 사진의 외곽선을
부드럽게 정리합니다.

09. 이미지 채도 높이기

❶ Layer 2의 이미지 보정을 위해 [Image] – [Hue/Saturation]을 실행합니다. 이때 Layer 2의 마스크 섬네일이 아닌 이미지 섬네일을 클릭한 후 실행합니다.

❷ [Hue/Saturation] 창에서 Saturation 값을 30으로 조정한 후 [OK]를 누릅니다.

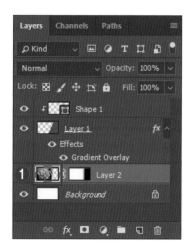

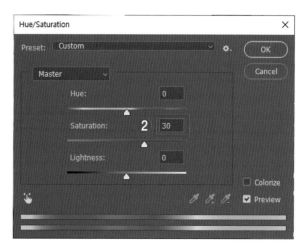

10. 이미지에 [Tilt-Shift] 적용하기

❶ Layer 2의 이미지 섬네일을 선택한 상태에서 [Filter] – [Blur Gallery] – [Tilt–Shift…]를 선택하여 실행합니다.

❷ Blur 값을 12px로 조절합니다.

11. [Tilt-Shift] 조절하기

❶ 중심 부분을 이미지의 중앙 부분으로 옮깁니다.

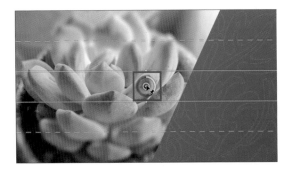 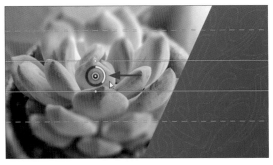

❷ 가이드 라인을 회전시킵니다. 커서를 라인에 있는 점 부위로 가져가면 커서모양이 바뀝니다.

❸ 가이드 라인의 넓이를 조절하여 Blur가 적용될 영역을 조절합니다.

❹ 상단의 옵션 바의 [OK]를 눌러 작업을 완료합니다.

| Selection Bleed: | Focus: 100% | ☐ Save Mask to Channels | ☐ High Quality | ☑ Preview | ↺ | OK | Cancel |

12. Background 레이어에 Gradient 적용하기

❶ Background 레이어를 선택하고 (#d674ff) 색을 채웁니다.

❷ Background 레이어의 글자를 두 번 클릭하여 Layer 0으로 바꿉니다.

❸ Layer 0의 빈 공간을 두 번 클릭하여 Layer Style 창을 엽니다. 그림과 같이 [Gradient Overlay]를 적용한 후 [OK]를 클릭합니다.

 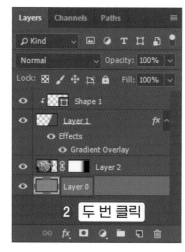 

Blend Mode: Overlay
Opacity: 80%
Style: Linear
Angle: -117°
Scale: 137%

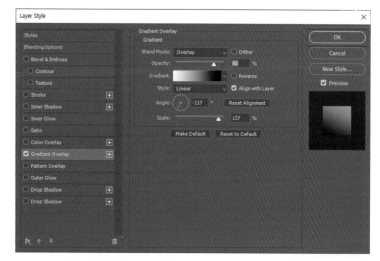

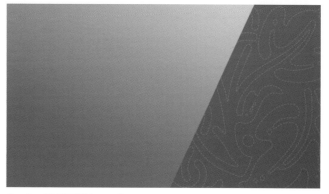

Gradient가 적용된 Layer 0

13. 타이틀 만들기

❶ [Create a new group]을 눌러 Group 1을 만들고, 글자 부분을 두 번 클릭하여 [타이틀]이라고 그룹 이름을 바꾸어줍니다.

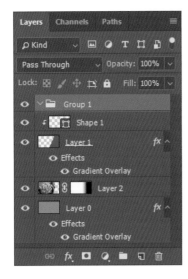  

❷ 좌측 툴 바에서 [Type Tool]을 선택한 후 작업 화면 오른쪽 하단에 그림과 같이 텍스트를 입력합니다. 텍스트의 색상은 (#fcffa9), 서체는 가독성이 좋은 굵은 서체들 중 하나를 골라 사용합니다. 그림에서는 [휴먼둥근헤드라인] 서체를 사용하였고, 폰트 사이즈는 15pt, 행간 크기는 150pt로 하였습니다.

 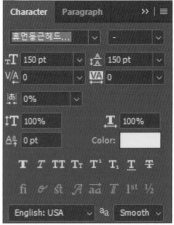

❸ 텍스트 레이어를 [Ctrl] + [J]로 복사합니다.

❹ 12가지 관리방법 copy 레이어를 원본의 하단으로 내리고, [Ctrl] + [G]를 눌러 Group 1 안에 넣습니다.

❺ 12가지 관리방법 copy 레이어를 선택하고, 마우스 오른쪽 클릭하면 메뉴가 생성됩니다. 메뉴에서 [Rasterize Type]을 실행하면 텍스트 레이어가 이미지 레이어로 변환됩니다.

❻ [Lock transparent pixels] 버튼을 눌러 레이어를 잠급니다.

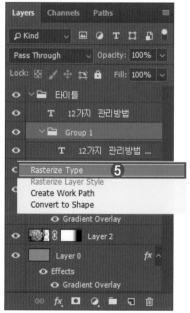
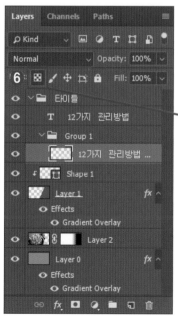

❼ 잠긴 레이어에 (#191c39) 색을 적용합니다. 전경색에서 색을 고른 경우엔 [Alt] + [Backspace], 배경색에서 색을 고른 경우에는 [Ctrl] + [Backspace]를 누르면 됩니다.

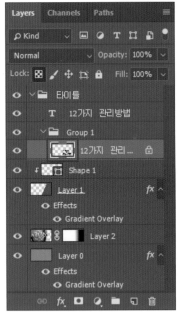

❽ 좌측 툴 바에서 [Move Tool]을 클릭하거나 [V]를 눌러 [Move Tool]을 선택한 후, 키보드의 방향 키 중 →와 ↓를 반복하여 눌러주면 그림과 같이 레이어가 여러 장 복사됩니다. 레이어가 약 24개 정도 복사되도록 반복합니다.

❾ [Shift]를 누른 채 Group 1과 원본 텍스트 레이어를 함께 선택하고, 마우스 오른쪽 버튼을 클릭해
[Link Layers]로 묶어줍니다.

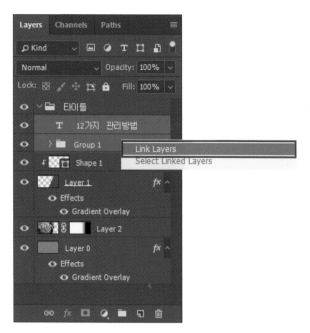 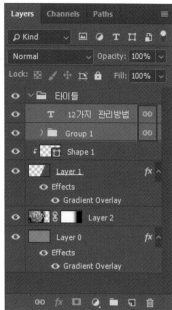

❿ 원본 텍스트 레이어에 Gradient를 적용해보겠습니다. [Layer Style]의 Gradient Overlay를 [검
은색–흰색]의 Gradient로 적용시켜 줍니다. 적용값은 다음과 같습니다.

Blend Mode: Overlay
Opacity: 77%
Style: Linear
Angle: 103°
Scale: 137%

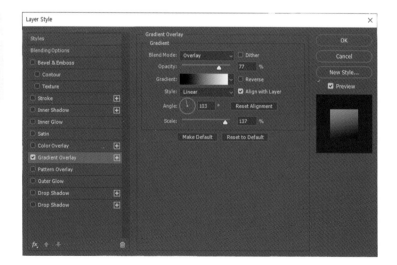

14. Shape로 타이틀 장식 만들기

❶ 좌측 툴 바에서 [Custom Shape Tool]을 선택하고, 상단의 옵션 바의 [Shape] 메뉴에서 [Talk1]을 선택한 후 드래그하여 Shape를 그립니다.

❷ Shape 2의 크기와 위치를 조절한 후, 좌측 툴 바에서 [Type Tool]을 선택하여 다음과 같은 텍스트를 넣습니다. 서체는 [휴먼둥근헤드라인], 폰트 사이즈는 40pt, 행간 크기는 48pt, 색상은 (#9aff83)로 지정해줍니다.

❸ [Ctrl] + [T]를 눌러 텍스트의 각도를 살짝 기울여줍니다.

15. 로고 만들기

❶ [Create a new group]를 눌러 타이틀 그룹 위에 새로운 그룹을 만들어주고, 다음과 같이 그룹 이름을 바꾸어줍니다.

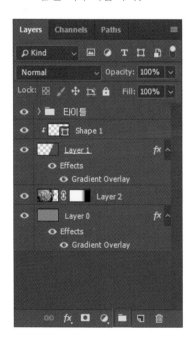
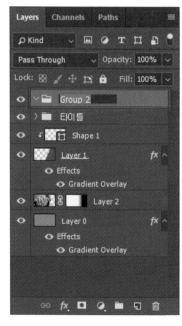
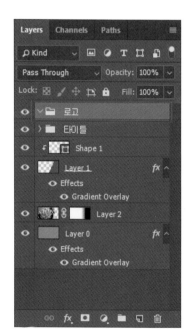

❷ 좌측 툴 바에서 [Type Tool]을 선택한 후, 그림과 같이 로고 텍스트를 입력해줍니다. 예제에 사용된 서체는 [Gill Sans Ultra Bold]이고, 폰트 사이즈는 65pt, 행간 크기는 48pt, 색상은 (#9aff83)이 사용되었습니다.

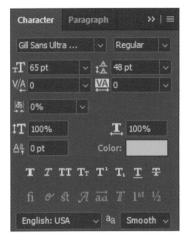

❸ Da6 레이어에 [Layer Style] 중 Stroke를 적용합니다. Size는 3px, Position은 Outside, Color는 (#e4ffd3)을 사용합니다.

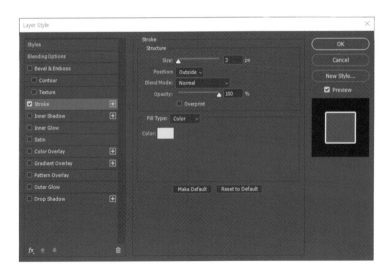

❹ Da6 레이어 위에 Layer 3을 새로 생성하고, [Rectangular Marquee Tool]을 이용하여 그림과 같이 두 가지 영역에 (#1a3513)과 (#13ab50) 색을 채워줍니다.

 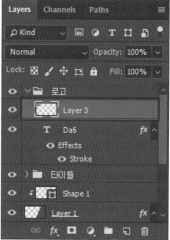

❺ Layer 3을 [Alt] + [클릭]하여 Da6 레이어에 Clipping Mask를 적용합니다.

 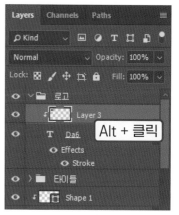

❻ 좌측 툴 바의 [Type Tool]로 다음과 같이 입력해줍니다.

 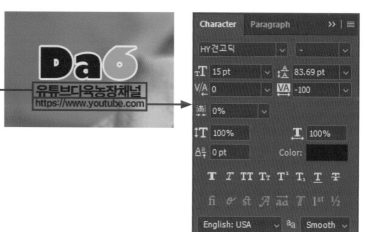

❼ 좌측 툴 바에서 [Custom Shape Tool]을 선택합니다. 상단 옵션 바에서 [Fill]의 Solid Color 색상은 (#e4ffd3), Stroke는 No color, Shape의 문양은 Floral Ornament 1으로 선택하고 그림과 같이 드래그하여 문양을 그려 줍니다.

16. 테두리 만들기

❶ 모든 레이어의 최상단에 Layer 4를 생성합니다.

❷ [Ctrl] + [A]를 눌러 전체 선택을 합니다. [Select]-[Modify]-[Contract]를 선택하여 값을 20 pixels 로 입력하고 Apply effect at canvas bounds를 체크합니다. 그 후 [OK]를 눌러 선택 영역이 20 pixel 안쪽으로 이동하도록 합니다.

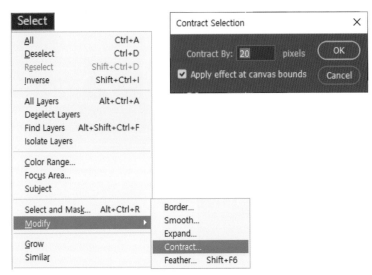

❸ [Select] – [Inverse]를 선택하거나 [Ctrl] + [Shift] + [I]를 눌러 선택 영역을 반전시킵니다.

❹ 선택된 영역에 (#ebc8fa) 색상을 적용해주면 간단하면서도 깔끔한 테두리가 완성됩니다.

17. 완성

[Move Tool]로 완성된 소스들의 위치를 조절하고 마무리하면 다음과 같이 완성됩니다.

Lesson 03. 공포 분위기 섬네일 만들기

이번 예제에서는 유튜브 채널 중에서 인기있는 컨셉 중에 하나인 공포 채널에서 사용할만한 섬네일 이미지를 제작해볼 것입니다. 필터를 이용하여 직접 촬영한 사진이 CCTV에 찍힌 이미지처럼 보이게 하고 타이틀에 브러시를 이용하여 질감을 더해 미스터리한 분위기를 연출해보도록 하겠습니다.

*주 사용 기능: Type Tool, Lens Correction, Brush
*예제 파일: Part5_ch2_lesson03_a.PSD, Part5_ch2_lesson03_b.PSD
*완성 파일: Part5_ch2_lesson03_완성.PSD
*활용도: ★★★★
*난이도: ★★★

[완성 이미지]

01. 파일 생성하기

❶ [File] – [New]를 선택하거나 [Ctrl] + [N]을 눌러 New Document 창을 열고 Width는 1280px, Hight는 720px, Resolution은 72px로 설정합니다.

❷ [Create]를 눌러 새 파일을 생성합니다.

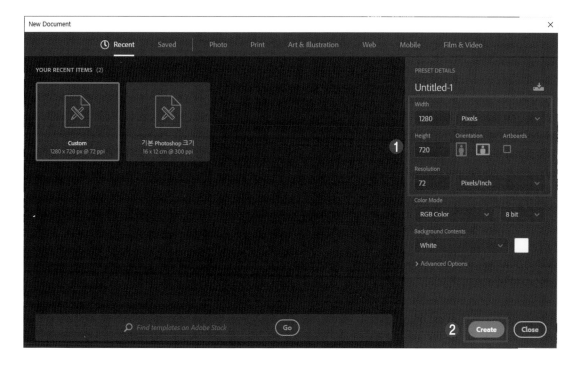

02. 파일 불러오기

❶ [File] – [Open]를 선택하거나 [Ctrl] + [O]를 눌러 Part5_ch2_lesson03_a.PSD 파일을 불러옵니다.

❷ Part5_ch2_lesson03_a.PSD 이미지를 [Ctrl] + [A]를 눌러 전체 선택을 하고 [Ctrl] + [C]를 눌러 이미지를 복사합니다.

❸ 기존 작업 창으로 돌아와 [Ctrl] + [V]를 눌러 다음과 같이 Layer 1에 이미지를 붙여 넣습니다.

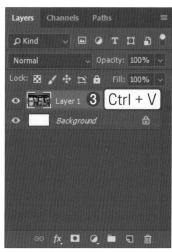

03. CCTV 화면 만들기

❶ Layer 1이 선택된 상태에서 [Ctrl] + [J]를 눌러 동일한 이미지
의 Layer 2를 만듭니다.

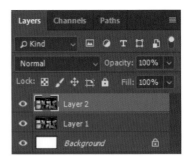

❷ 상단 메뉴에서 [Image] – [Adjustments] – [Desaturate]를 실행하여 흑백 이미지로 바꾸어줍니다.

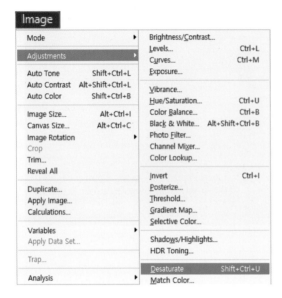

❸ 상단 메뉴에서 [Filter] – [Lens Correction]을 실행한 후 옵션 창에서 Custom 탭을 선택합니다.
❹ Remove Distortion 값을 −20.00으로 조절하여 볼록한 느낌을 줍니다.
❺ Vignette Amount 값을 −70으로 조절하여 주변부가 어두워 보이는 느낌을 줍니다.

❻ 상단 메뉴에서 [Image] – [Adjustments] – [Hue/Saturation]을 실행한 후, Colorize를 체크하고
Hue 값은 185, Saturation 값은 10으로 맞춰 색감을 조절해줍니다.

❼ [Create a new layer]를 눌러 Layer 3을 생성한 후, 배경색과 전경색은 흑백인 상태에서 [Filter] –
[Render] – [Clouds]를 실행합니다.

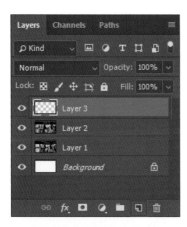
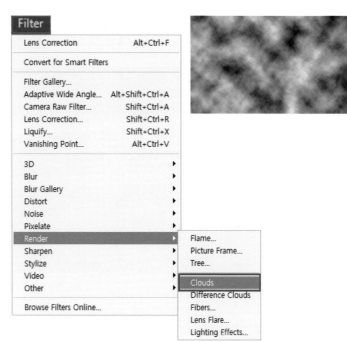

❽ 상단 메뉴에서 [Filter] – [Pixel] – [Mezzotint]를 실행하고, 옵션 창에서 Type을 Fine Dots로 설정한 후 [OK]를 클릭합니다.

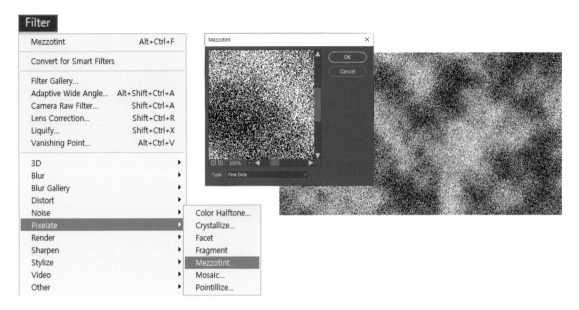

❾ Layer 3의 Blending Mode를 Soft Light로 설정하고 Opacity는 30%로 설정합니다.

 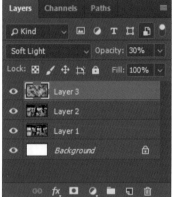

❿ Layer 4를 추가하고 흰색(#ffffff)을 레이어에 채워넣습니다.

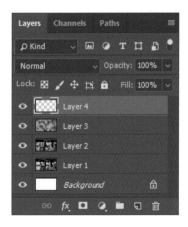 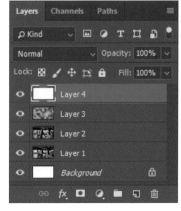

❶ Layer 4의 빈 공간을 두 번 클릭하여 [Layer Style] 옵션 창을 엽니다. Pattern Overlay를 선택한 후 다음과 같이 설정하고 [OK]를 클릭합니다.

Blend Mode: Multiply
Opacity: 100%
Pattern: Horizontal
Line 1(1 by 4 pixels, RGB Mode)
Scale: 100%

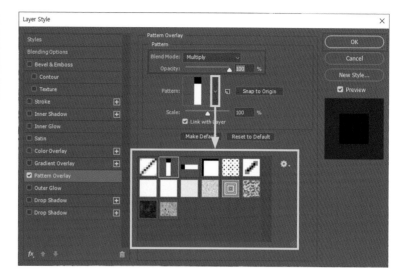

❷ Layer 4의 Blending Mode를 [Multiply]로 설정하고 Opacity를 70%로 조절합니다.

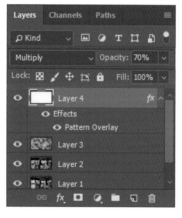

⓭ [Ctrl] + [Alt] + [Shift] + [E]를 눌러 보이는 모든 레이어를
통합 복사합니다.

⓮ [Filter] – [Distort] – [Shear]를 실행하여 다음과 같이 조절해주고 [OK]를 눌러 적용합니다. 그러
면 화질이 좋지 않은 CCTV 화면의 느낌을 연출할 수 있습니다.

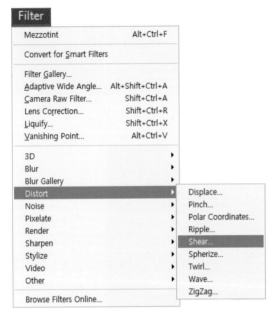

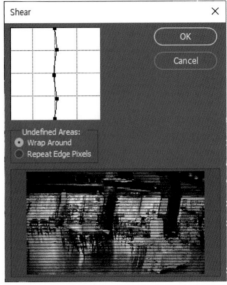

⓯ 모든 레이어를 선택하고 [Ctrl] + [G]를 눌러 Group 1으로 묶어준 후, 그룹 이름을 CCTV로 변경
합니다.

04. 텍스트 넣기

❶ 좌측 툴 바에서 [Type Tool]을 클릭하여 화면 오른쪽 하단에 그림과 같이 녹화 시간을 입력합니다. 폰트는 돋움, 폰트 사이즈는 30pt, 색상은 흰색, 행간 크기는 0으로 설정합니다.

❷ 텍스트 레이어의 Opacity를 70%로 조정하고, 빈 공간을 두 번 클릭하여 [Layer Style]의 [Stroke]를 선택합니다. 다음과 같이 설정한 후 [OK]를 클릭합니다.

Structure
Size: 5px
Position: Outside
Blend Mode: Normal
Opacity: 50%
Fill Type: Color
Color: #000000

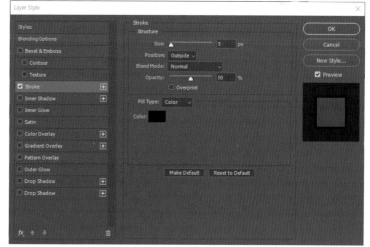

❸ 좌측 툴 바에서 [Type Tool]을 선택한 후, 화면 좌측 상단에 다음과 같이 텍스트를 입력합니다. 폰트는 돋움, 폰트 사이즈는 20pt, 색상은 흰색(#ffffff)으로 설정합니다.

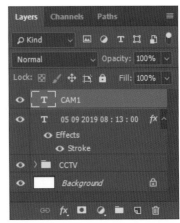

❹ 녹화 시간을 입력했던 레이어를 마우스 오른쪽로 클릭하여 [Copy Layer Style]로 레이어 스타일을 복사합니다. 그 후 CAM1 레이어에 [Paste Layer Style]로 레이어 스타일을 붙여 넣습니다.

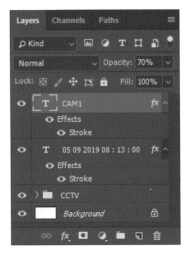

❺ CAM1 레이어를 마우스 오른쪽 클릭하고 [Rasterize Layer Style]을 실행하여 텍스트를 이미지화합니다.

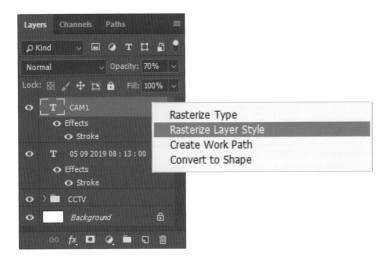
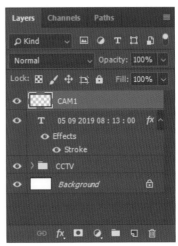

❻ [Ctrl] + [T]를 눌러 CAM1 글자의 크기를 3배 정도로 조절하면, 픽셀이 뭉개지면서 저화질의 텍스트 느낌을 줄 수 있습니다.

❼ 좌측 툴 바에서 [Ellipse Tool]을 선택하고 전경색을 (#c60000)으로 설정합니다. 그 후 [Shift]를 누른 상태로 CAM1 옆에 원형 Shape를 그려줍니다.

❽ Ellipse 1 레이어의 Opacity를 70%로 조절합니다.

 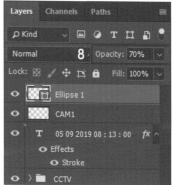

05. 인물 사진 잘라넣기

❶ 메뉴 바에서 [File] – [Open]을 선택하거나 [Ctrl] + [O]를 눌러, Part5_ch2_lesson03_b.PSD 파일을 불러옵니다.

❷ [Polygon Lasso Tool]로 다음과 같이 인물 영역만 선택합니다. 이때 Feather 값은 10px로 줍니다.

❸ [Ctrl] + [C]를 눌러 선택된 영역을 복사합니다.

❹ 기존 작업 화면으로 돌아와서 [Ctrl] + [V]를 눌러 복사된 인물 이미지를 붙여 넣습니다.

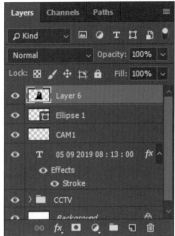

❺ 복사된 인물 이미지에 [Image] – [Adjustments] – [Brightness/Contrast]를 실행하여 Brightness 는 −70으로 설정합니다. 그리고 [Image] – [Adjustments] – [Levels]를 실행하여 중간값을 0.81 정도로 조절해줍니다.

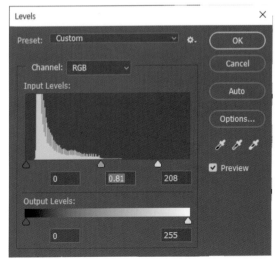

06. 타이틀 넣기

❶ [Create a new group]을 눌러 Group1을 생성하고, [Type Tool]을 실행하여 그림과 같이 '미스터리 극장'이라는 텍스트를 입력해줍니다. [Adobe 고딕 서체]인 경우 사이즈는 130pt, 색상은 임의의 붉은 계열로 지정해줍니다.

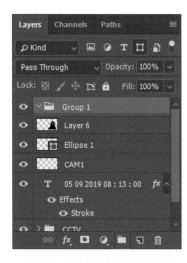
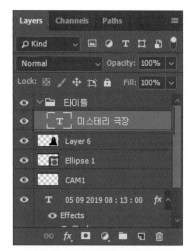
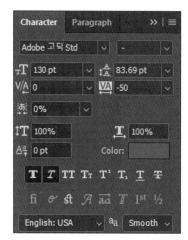

❷ '미스터리 극장'에 다음과 같이 레이어 스타일을 적용합니다.

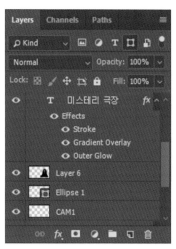

Stroke

Structure
- Size: 7px
- Position: Outside
- Blend Mode: Normal
- Opacity: 100%
Fill Type: Color
- Color: #000000

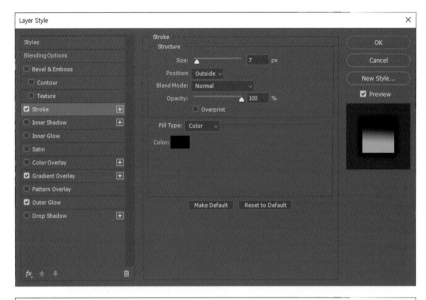

Gradient

- Blend Mode: Overlay
- Opacity: 100%
- Gradient: #000000 -
#ffffff
- Style: Linear
- Align with Layer 체크
- Angle: -94°
- Scale: 82%

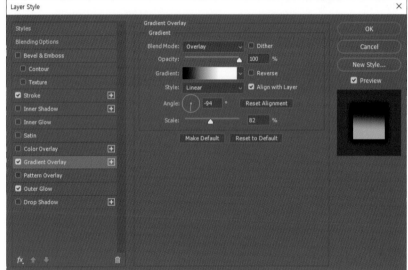

Outer Glow

Structure
- Blend Mode: Normal
- Opacity: 100%
- Noise: 41%
- Color: #000000
Elements
- Technique: Softer
- Spread: 25%
- Size: 30px
Quality
- Range: 50%
- Jitter: 0%

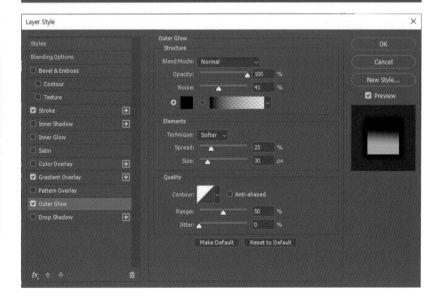

❸ 다시 [Type Tool]을 실행하여 '아무도 없는 카페에 무슨 일이!!!'라는 텍스트를 입력합니다. 폰트는 [HY목각파임B]와 비슷한 서체를 지정해주고, 사이즈는 65pt 정도, 색상은 흰색 계열로 지정해줍니다.

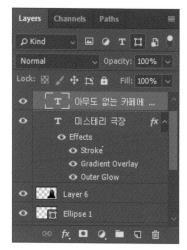

❹ '미스터리 극장'에 적용된 레이어 스타일을 복사하여 '아무도 없는 카페에 무슨 일이!!!' 레이어에 붙여 넣습니다.

❺ 새로운 레이어를 만들고 전경색으로 검은색을 지정한 후, [Brush]에서 [Kyle's Spatter Brushes –
Spatter Bot Tilt] 브러시를 선택합니다.

❻ 텍스트 주변을 클릭하여 다음과 같이 흩뿌리는 효과를 넣어주면 모든 작업이 완료됩니다.

Lesson 04. 글리치 효과를 이용한 감각적인 섬네일 만들기

글리치는 픽셀의 오류로 인한 결함을 말합니다. 이는 본래 디지털 디자인에서 있어서는 안 되는 결함이지만, 요즘은 한 트랜드로써 적지 않게 사용하게 되는 디자인 효과가 되었습니다. 유튜브 섬네일뿐만 아니라 영상 효과로도 많이 사용되는 글리치 효과를 이용하여 감각적인 섬네일 이미지를 만들어보도록 하겠습니다.

*주 사용 기능: Layer Style, Blur
*예제 파일: part5_ch2_lesson04.jpg
*완성 파일: part5_ch2_lesson04_완성.PSD
*활용도: ★★★★
*난이도: ★★

[완성 이미지]

01. 파일 생성하기

❶ [File] – [New]를 선택하거나 [Ctrl] + [N]를 눌러 New Document 창을 엽니다. Width는 1280px, Hight는 720px, Resolution은 72px로 설정합니다.

❷ [Create]를 눌러 새 파일을 생성합니다.

02. 파일 불러오기

❶ [File] – [Open]를 선택하거나 [Ctrl] + [O]를 눌러 part5_ch2_lesson04.jpg 파일을 불러옵니다.

❷ 불러온 이미지를 [Ctrl] + [A]를 눌러 전체 선택을 하고, [Ctrl] + [C]를 눌러 이미지를 복사합니다.

❸ 기존 작업으로 돌아와 [Ctrl] + [V]를 눌러 다음과 같이 Layer 1에 이미지를 붙여 넣습니다.

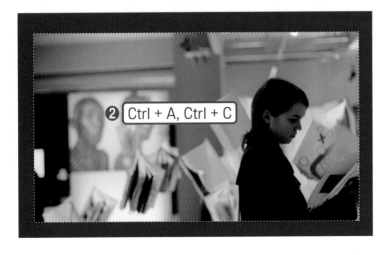

03. Layer Style 적용하기

❶ Layer 1을 선택한 상태로 [Ctrl] + [J]를 두 번 눌러 레이어 두 개를 복사합니다.

❷ 가장 상단에 있는 Layer 1 copy 2를 더블클릭하여 Layer Style 창을 엽니다.

❸ [Blend Options] 항목의 Channels에서 R과 B의 체크를 클릭하여 해제하고 [OK]를 클릭합니다.

❹ 중앙의 Layer 1 copy 레이어를 더블클릭하여 Layer Style 창을 엽니다.

❺ Channels에서 G의 체크를 클릭하여 해제하고 [OK]를 클릭합니다.

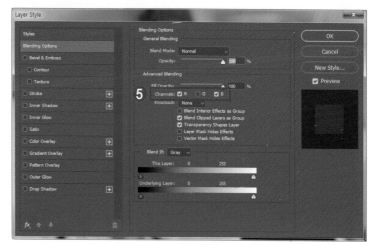

04. 레이어 위치 이동

❶ Layer 1 copy 2를 선택합니다.

❷ 툴 바에서 [Move Tool]을 선택하고 키보드의 →를 7회 눌러 이동합니다.

❸ Layer 1 copy를 선택합니다.

❹ 앞 단계와 마찬가지 방법으로 [Move Tool]을 선택하고 반대로 키보드의 ←를 눌러 7회 이동합니다.

 TIP

[Move Tool]로 위치 이동을 할 때, 드래그하여 이동하는 경우 [Shift]를 누르고 이동하면 가로, 세로 직선으로 이동할 수 있습니다. 그리고 키보드의 이동 키를 사용할 때는 한 번에 1픽셀씩 이동합니다. 이때 [Shift]를 동시에 누르면 10픽셀씩 이동합니다.

05. 부분적인 효과주기

❶ [Shift]를 누른 상태로 Layer 1 copy 2와 Layer 1 copy를 동시에 선택하고 [Merge Layer]를 클릭하여 병합합니다.

❷ 툴 바에서 [Rectangular Marquee Tool]을 선택합니다.

❸ 상단 옵션 바에서 [Add to Selection]을 선택합니다.

❹ 이미지의 인물을 중심으로 여러 가지 형태로 선택 영역을 만듭니다.

❺ Layer 1 copy 2 레이어를 선택한 채로 [Ctrl] + [C], [Ctrl] + [J]를 눌러 복사하고 붙여 넣습니다.

❻ 복사한 레이어를 선택하고 툴 바에서 [Move Tool]을 선택하여 키보드의 →를 5회 눌러 이동합니다.

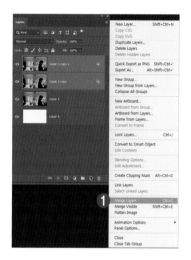

06. Noise Filter 적용하기

❶ [Shift]를 누른 상태로 Layer 1 copy 2와 Layer 2를 동시에 선택하고 [Merge Layer]를 클릭하여 병합합니다.

❷ 상단 메뉴에서 [Filter] – [Noise] – [Add Noise]를 눌러 창을 띄웁니다.

❸ Amount 값은 4, Distribution은 Gaussian으로 선택하고 [OK]를 클릭합니다.

 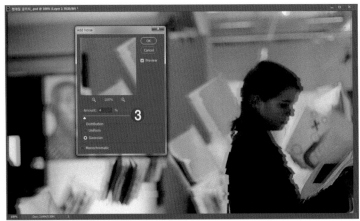

07. 글자를 넣을 틀 만들기

❶ 새 레이어를 만듭니다.

❷ 툴 바에서 [Ellipse Tool]을 선택합니다.

❸ 상단 옵션 바에서 [Pixels]를 선택합니다.

❹ 툴 바에서 전경색과 배경색을 클릭하여 초기화합니다.

❺ [Shift]를 누른 상태로 원을 만듭니다.

08. 글자에 글리치 효과 적용하기

❶ 툴 바에서 [Type Tool]을 선택합니다. 'GLITCH'라고 써넣고 [Ctrl] + [J]를 두 번 눌러 레이어를 두 개 복사합니다. 앞의 과정(03, 04)과 마찬가지로 글자에 글리치 효과를 적용합니다.

❷ [Type Tool]을 이용하여 세부 정보들을 넣습니다.

09. 색상 추가하기

❶ Layer 3을 선택하고 새 레이어를 만들고, [Alt]를 누른 채로 두 레이어의 경계 부분을 클릭하여 Clipping Mask 레이어로 만듭니다.

❷ 툴 바에서 [Brush Tool]을 선택하고 상단 옵션 바에서 Soft Brush를 선택합니다.

❸ [Alt]를 누른 상태로 작업 화면으로 가면 커서가 스포이트로 바뀝니다. 이때 마젠타(Magenta) 계열의 색상 부분을 선택합니다.

❹ 원형 상단에 그림과 같이 칠합니다.

❺ 아래 녹색 계열의 색상도 앞과 같은 방법으로 칠해줍니다.

❻ 색을 칠한 레이어를 선택하고 상단 메뉴에서 [Filter] - [Blur] - [Gaussian Blur]를 선택합니다. Radius를 40으로 설정한 후 [OK]를 클릭합니다.

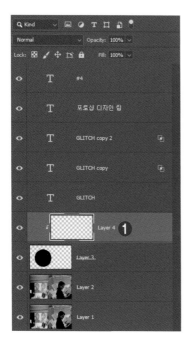

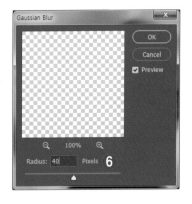

1판 1쇄 인쇄 2020년 4월 1일
1판 1쇄 발행 2020년 4월 10일

—

지 은 이 이영아·신미현
발 행 인 이미옥
발 행 처 디지털북스
정   가 25,000원
등 록 일 1999년 9월 3일
등록번호 220-90-18139
주   소 (03979) 서울 마포구 성미산로 23길 72 (연남동)
전화번호 (02)447-3157~8
팩스번호 (02)447-3159

—

ISBN 978-89-6088-320-8 (93000)
D-20-07
Copyright ⓒ 2020 Digital Books Publishing Co., Ltd

DIGITAL BOOKS
디지털북스

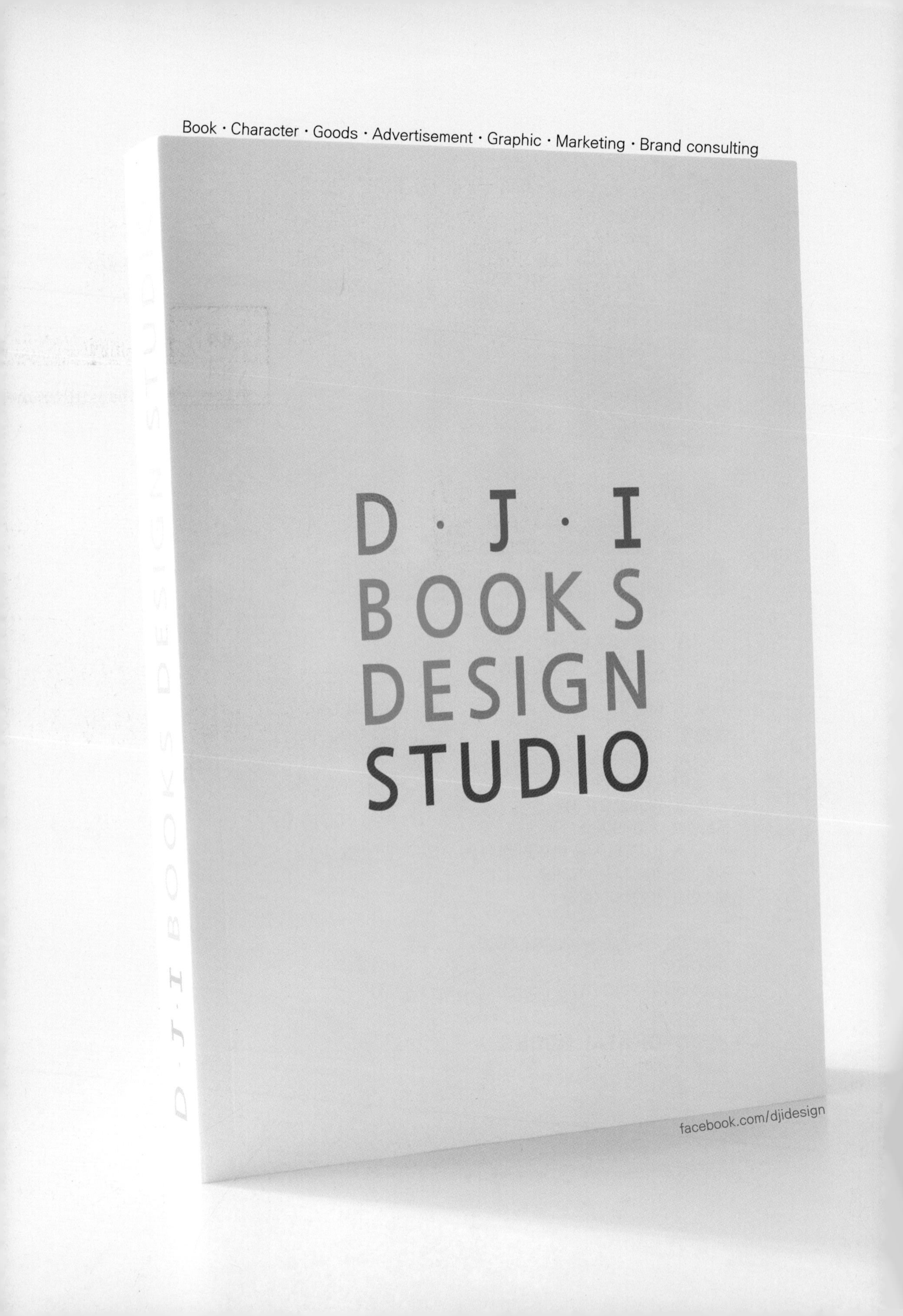
Book · Character · Goods · Advertisement · Graphic · Marketing · Brand consulting
D·J·I
BOOKS
DESIGN
STUDIO
D·J·I BOOKS DESIGN STUDIO
facebook.com/djidesign